U0111807

大展好書　好書大展
品嘗好書　冠群可期

大展好書　好書大展
品嘗好書・冠群可期

太極拳推手 3

零基礎學

推 手

附DVD

劉嗣傳　編著

大展出版社有限公司

推手集錦

4

趣味推手

健康人生

佐佐融題

作者簡介

　　劉嗣傳，道號劉清復，筆名武當清復、嘯然，自號留陽道人，原籍湖北省天門市。中國人民大學愛國宗教研修班結業。廣東省道教協會副會長。現居廣東省江門市新會紫雲觀。現任地方政協委員，中國道教協會第八屆、第九屆理事，中國道教協會養生專業委員會委員，香港道教學院客座教授。

　　著有《武當三豐太極拳》系列書和《道教文化闡釋》文集，發表道教和學術文章數十萬字。

　　青少年時期拜鄉間武師習功練拳，先後學習了太乙熊門唐手拳、洪拳、七星活氣功及棍、凳、刀、劍等器械。

　　1992年，出家於武當山，訪道入武當山玉虛宮、玉皇頂等處。追隨武當內家拳師郭高一學道，學習道教內丹功，先後在九宮山瑞慶宮、咸寧太乙觀訪道，跟郭高一道長學習武當系列功夫，玄功

拳、八卦掌等。同時，深入瞭解道教五派丹法。隨後歸宗武當師系李誠玉、王光德等高道大德。

1995年4月，入陝西周至縣樓觀台道觀參訪，遇終南山高隱指點，功法精進。1996年5月，在湖南、湖北、陝西一帶參學、雲遊。到武當山幾家道教武館執教，並參加區域比賽獲獎。

1997年，再入陝西周至樓觀台道觀常住，擔任管理職務。期間，同趙堡、楊式、吳式、陳式各派有交往。多次參加西安楊式（趙斌系）的系列活動。先後又跟教內外人士劉煥軍（北方大俠）、周金富（武當中和功傳人）等武術氣功名家練習功法，並追隨孔德大師（譚大江）進行仙學的理論與實踐的驗證。在擔任道觀知客期間，不斷與國內外武術界名人交流切磋，先後與趙堡、楊式、陳式、吳式等傳人及英、美、德、俄、韓等國道教及太極拳愛好者進行交流。

2000年元月，到北京白雲觀進修，並在中國道教協會研究室（道教文化研究所）參加《中華道藏》的校對工作。其間，拜訪馮志強、王培生及于志均等名家，與京城民間楊式傳人有交流，與隱居塵俗內丹氣功師有交往。

2001年5月，編著的《武當三豐太極拳》一

書，由人民體育出版社出版。全書約24萬字，圖190餘幅。這是國內第一部論述道教與太極拳多層面關係、展示道教張三豐太極道體系，出自在廟道人的作品。

1999年7月和2003年，6次出國講道授拳，在歐洲斯洛文尼亞，受德國世界陳式太極拳總會的邀請，為世界太極拳修道夏令營講道授課。

2001年，赴韓國金仙學會教學武當三豐太極拳月餘。2002年3月，來廣東省新會紫雲觀主持教務至今。2003年，開始與香港道教界和太極拳愛好者交往。2003年，在珠江音像出版社出版《武當三豐太極拳》教學資料光碟（VCD兩張）。2004年5月，赴香港道教學院講授「太極文化與太極拳」，授課教拳1月。回觀在紫雲觀籌備成立太極健身文化中心，開展多方位文化交流。

2004年12月，當選為廣東省道教協會副會長兼秘書長，主編《廣東道教》雜誌，參加中山大學哲學系的旁聽學習。

2005年6～12月，受澳門道教協會的邀請，為該會道教研習班授課教拳。

2007年5月，參加香港道教聯合會舉辦的羅天大醮系列活動的養生講座。同時整理《武當三豐太

極拳三十八式》精簡版，由香港道教學院出版發行
（初級和中級兩冊），並實地拍攝教學片。

2008年5月，在香港道教學院講學授課，於7
月書展推出該新書，並舉辦養生講座，隨之舉辦多
期武當太極拳培訓。

2009年，先後在韓國金仙學會和新加坡道教
學院講述太極拳文化，並在港澳舉辦3期培訓班，
教學《武當三豐太極拳三十八式》。

2010年，在麗江國際太極聯誼大會上推廣
「趣味推手」，文章在《中華武術》（第十期）上
發表。在香港、澳門開班教學太極拳。2010年，
開始在觀內對信眾和愛好者進行武當太極拳培訓。

從2011年開始，一直率隊參加廣東省傳統武
術錦標賽，效果反響良好。2012年，山西科學技
術出版社出版《武當張三豐太極拳108式》。

2013年，武當武術和三豐太極由道觀走向社
區、學校、機關、企業。近三年，在當地舉辦大型
表演展示及經典會演，逐步讓武當三豐太極在嶺南
開花結果。2015年，組織舉辦地方太極拳、械大
賽，活動辦得有聲有色。

由零基礎到趣味推手技能（代序）

　　《太極張三豐》的主題歌把道家情懷表現得淋漓盡致。在這個資訊時代，吸引人們更多地關注傳統文化，傳播正能量。儘管傳統宗教——古老道教歷經風雨，但中國依然挺立著這棵盤根錯節的古樹。傳統儒、釋、道三教文化之一的道教在紛繁的世界裡思考自然、生命、整個生態活動的現象和規律，特別注重人們身心的現實狀況，於是就有了諸多養生、健身、事物化生的資訊。我們挖掘和利用祖先留給我們的寶藏，適時地加以改造利用，造福當下人群，才有意義。

　　當我國把全民健身提升到國家戰略的時候，把中醫藥健身保健列入發展規劃的時候，我們要把道教養生方法融入全社會的健身養生熱潮中。我們更有理由提倡趣味推手，這本《零基礎學推手》是在太極拳文化盛行時的時代產物，也是我們把傳統文

化轉化成現代生活中的健身方法，讓太極拳這種低碳環保、綠色養生方式越來越受到人們的青睞。

推手簡單易學，好操作，不需要深厚的武術基礎，不需要太多的配套設施，只要有兩人的空間，就可以學習，特別是在其中還可以引人入勝地學習太極拳系列文化。

「零基礎」包括幾層含意：

首先，「零基礎」是指沒有拳架基礎也可以學推手。

二是放鬆，不用力，力度或形體為零。

三是形象性地用橢圓「○」表示人體推手的掤勁。

在出版的眾多太極拳推手書中，本書的特色：

一是觀點；

二是體系，推手既有單推、雙推及定步、活步等學習訓練的體系，還有初級、中級到108式，再有推手和內丹功的逐步體系；

三是趣味，本書所說的「趣味推手」，是指武當內家拳、太極類拳術的一種中間鍛鍊方法、方式和過程，是提高拳術功力水準的一個必修課程，不是以真實打鬥為終極目標，而是現代武術演繹下的一種新的健身方式。

「趣味」和推手連在一起是本書的一個創新詞彙，是習武者以武自娛和修身，或以武會友，交流、切磋，乃至比賽的一種形式，能提高人體的素質，可用於自衛防身、健身強體。我們之所以提倡「趣味推手」：

第一，是鑒於時下健身要求多於技擊實用，當代太極拳給人們的印象就是能健身養生，對於大多數打太極者來說是很適合的。

第二，是在訓練中避免功利心、勝負名利帶來的負面影響，既能提高技能，又能健身強體。

第三，是心理因素的訓練，趣味訓練除能增加人們練功的興趣外，還能得到實用的功效。長時間的「有人似無人，無人似有人」的訓練，在長期的聽勁中感受到對方力的來路、輕重、手法，形成由「捨己從人」到沾、黏、連、隨的聽勁習慣，在實際運用中能達到意想不到的效果。

第四，是在交流表演的展示上，既不傷人，又有很好的視覺效果，從而增加人們的鍛鍊興趣和審美情趣。

在當代，太極推手已演化成一項文明、高雅的運動，既有傳統武術韻味，又有現代技擊意義的競技武術形式。推手的實質是衡量與檢驗太極拳習練

者知勁、懂勁及技術運用的一種方法。趣味推手就是在互相推摸、輪圈、打掄的推手基礎上再餵勁、加多試力等，再強化試力發放，或者自練單操發放，然後再交叉與人試發放，再使推手發放有綜合了摔、打、拿、踢等變化於一體的（陳式、武當趙堡式）綜合推手運動，逐步走向趨同於散打、摔跤等項目。正因為如此，筆者以為趣味推手的真正作用，一是使人全身協調達到周身一家，二是檢驗拳架是否準確合度，三是鍛鍊和提升訓練人的聽勁和懂勁的能力。

本書沒有具體介紹推手套路，而是主要在基本手法和方法理論上多做闡述。有些實踐操作反覆說明重點，要特別用心理解體會。推手的練成不是一蹴而就，而是在實際運用中細研、慢摸，咀嚼體會力道勁路，在餵勁試力、問勁抖發、螺旋彈抖和周身同動上反覆體會，方能長功進階。

讓我們從零學起，用推手來提高我們的太極拳技藝，用推手來修養我們的身心。

目　錄

第一章

理論概述

第一節　推手的定位及作用

一、推手的定位

我們常說的推手是指太極推手，是太極拳發展過程中的特色產物。推手名稱的來由和定義雖有諸家不同的論證，但一致認為的是功能之定位。

太極拳推手是提升太極拳技藝的必修課程，是一種中間鍛鍊方法，最終不是以實用為目的。它是練習聽勁、懂勁的方法和途徑。

我們提倡的趣味推手也是鍛鍊身心和提高功力的手段，還要根據各自的身體狀況和練功目的，選擇適合自己鍛鍊的方式來練習推手。

我們通常給推手的定位是在學習太極拳技藝的中間訓練過程，由拳架到套路，再到推手和散手，最後到功力和實際運用。

推手不是真打實鬥，更不是性命相搏的終極殺鬥，相反，是一種心平氣和、心靜如水的狀態，技術上是兩人相互摸、推、纏挽、問勁、試力和過招。平時無雙人推手時，可以用意念與空氣、與風去推手，去細細體會。

有實物時體會推磨狀態，用一種意念去感知那種推手的氣場。楊澄甫大師說過，磨轉心不轉。應多練攬雀尾那一招。練時無人似有人，用時有人似無人。按照上述方法逐步練習，直至趣味發放。推手可以升級為散手和打手。

在當代「推手」名稱流行之前，太極拳界稱推手和散手為打手。仔細分析三者還是有差別的。推手是為提高拳技、增加功力、練習懂勁、協調全身、體會內勁、學習發放、鍛鍊體質的一種綜合訓練太極的方式。

二、推手的作用

首先，推手可以認識到太極拳功用的趣味性。

其次，可以鍛鍊身體綜合素質的高效性和靈敏度。懂勁而反映出的神經系統和皮膚感覺系統以及身體協同統一的效果是其他拳類少有的。

再次，提高身體功能性，能全面協調內外心

智，激發靈感，感悟人生智慧，能使太極拳的以柔克剛技藝和養生文化進入健康人生，從而提升生活品質、昇華人生。

太極拳推手與太極拳一樣有著妙不可言的強身健體的效果，甚至能起到未病防病和治療多種慢性病的良好效果。

因為它實質上是中樞神經運動、呼吸系統運動和骨骼肌體相結合的綜合運動，太極推手偏重於神經系統、心理活動、意念領域與外在的相合上，通常採用緩慢、微速、深長、有節奏的呼吸方式來配合身形進退、胸臂開合、上下肢體等動作活動，有利於改善肺氣循環和肺泡通氣量，為呼吸系統和細胞提供攝氧和用氧的當量，有利於內臟的健養。

推手可使中樞神經系統減壓而保養元神，達到神氣充足，減少消耗，保證體能和精力；特別是在大腦緊張、精神壓力增加的情況下，利用趣味推手，可以調節精神，能讓脈搏和血壓降低，使人感到輕鬆、舒服，並能進入虛無恬淡、精神煥發的狀態。練習推手還可以提高體質等綜合素質，能增強免疫力，從而強健身體，快樂人生，幸福生活。

第二節　推手的類別及規範

當代推手分類，綜合諸家所言：從功能性上分，有健身性太極推手，趣味性太極推手，競技性太極推手。從方式、方法上分，有單手推挽（單手推）、原地推手（定步推）、雙手推手、活步推手、動步散推等類型。從風格上分，有傳統推手和國家推廣的競技推手。

武術的價值功能體系呈多元化發展趨勢，主要包括：健身價值、養生價值、娛樂審美價值等。因此，推手的類型和規範有助於各家沿著各自的風格標準去展現。

眼下流行的太極推手過於注重形式和表現方式，有些競技推手陷入尷尬境地，它體現不出以柔克剛、借力打力、引進落空等傳統技法，更不用說「使犯者立仆」的內家境界，角力硬推，拿卡反擒等犯規動作頻繁出現，追求美感的表演挽花轉圈過度而失真。究其原因，一是指導思想失誤，二是推手定位不準，三是急功近利作怪。

當然，我們在當代全民健身的大環境下，推廣太極拳健身功法，用趣味推手來達到健身和提高拳

技的效果，是一舉多得的好事。

　　要盡量克服表演性，為真實體驗太極功夫和健身效果而練習推手功法；同時為了有一個學習交流、互相瞭解提高的平臺，開展有規則的晉級、競賽也是行之有效的方法。

　　當前，全民健身和群眾社會體育發展迅速，呈現可喜局面。在太極拳和推手方面也是百花齊放，爭奇鬥豔，民間及社會團體各類、各級等比賽競技的相關活動也層出不窮，有一派太極文化大觀園的氣氛。太極健身蔚然成風是亙古未有的大好事，優秀的太極拳文化能體現傳統文化的精華，要繼承和發揚下去。

　　我們相信：傳承太極拳的形式可能會有改變，但其文化的實質、精神、真理是不會湮滅的。

第三節　推手的經典理論

　　推手的理論來源於太極拳經典理論。目前已形成不同風格流派的太極拳架和推手套路，但真正的核心原理是經得住時間和實踐考驗的，而且真理只有一個：中國文化背景下的道家思想、老莊智慧和張三豐丹道體系（王宗岳太極拳論）。推手和拳架

這種表現形式只是外在的，是為目標服務的形式和途徑。

本書以下理論經典都是集各家所長和大眾認同的精準說法。我們的任何解讀不會畫蛇添足，只有認真理會其中內涵及妙處，用在自身而身知，才會有真正的拳功進步和養生幫助。

一、張三豐太極拳論

太極者，無極而生，動靜之機，陰陽之母也。太極之先，本為無極。鴻蒙一氣，渾然不分，故無極為太極之母，即萬物先天之機也。二氣分，天地判，始成太極。

二氣為陰陽。陰靜陽動，陰息陽生。天地分清濁，清浮濁沉，清高濁卑。陰陽相交，清濁相媾，氤氳化生，始育萬物。

人之生世，本有一無極，先天之機是也。迨入後天，即成太極。故萬物莫不有無極，亦莫不有太極也。人之作用，有動必有靜。靜極必動，動靜相因，而陰陽分，渾然一太極也。人之生機，全恃神氣。氣清上浮，無異上天。神凝內斂，無異下地。神氣相交，亦宛然一太極也。故傳我太極拳法，即須先明太極妙道，若不明此，非吾徒也。

太極拳者，其靜如動，其動如靜。動靜循環，相連不斷，則二氣既交，而太極之象成。內斂其神，外聚其氣。拳未到而意先到，拳不到而意亦到。意者，神之使也。神氣既媾，而太極之位定。其象既成，其位既定，氤氳化生，而謂七二之數。

太極拳總勢十有三：掤、捋、擠、按、採、挒、肘、靠、進步、退步、左顧、右盼、中定。按八卦、五行之生剋也。其虛靈、含拔、鬆腰、定虛實、沉墜、用意不用力、上下相隨、內外相合、相連不斷、動中求靜，此太極拳之十要，學者之不二法門也。

學太極拳，為入道之基，入道以養心定性、聚氣斂神為主。故習此拳，亦須如此。若心不能安，性即擾之。氣不能聚，神必亂之。心性不相接，神氣不相交，則全身之四體百脈，莫不盡死。雖依勢作用，法無效也。欲求安心定性，斂神聚氣，則打坐之舉不可缺，而行功之法不可廢矣。

學者須於動靜之中尋太極之益，於八卦、五行之中求生剋之理，然後混七二之數，渾然成無極。心性神氣，相隨作用，則心安性定，神斂氣聚，一身中之太極成，陰陽交，動靜合，全身之四體百脈周流通暢，不黏不滯，斯可以傳吾法矣。

二、張三豐拳經及行功心解

1. 十三勢說

太極拳，一名長拳，又名「十三勢」。長拳者，如長江大海，滔滔不絕也。十三勢者，分掤、捋、擠、按、採、挒、肘、靠、進、退、顧、盼、定也。

掤、捋、擠、按，即坎、離、震、兌，四正方也；採、挒、肘、靠，即乾、坤、艮、巽四斜角也，此乃八卦也。進步、退步、左顧、右盼、中定，即金、木、水、火、土也，此五行也。合而言之，曰十三勢。

2. 張三豐傳王宗岳《太極拳經》歌訣

順項貫頂兩膀鬆，束斂下氣把襠撐。
胸背開勁兩捶爭，五趾抓地上彎弓。
舉動輕靈神內斂，莫教斷續一氣研。
左右宜有虛實處，意上寓下後天還。
拿住丹田練內勁，哼哈二氣妙無窮。
動分靜合屈伸就，緩應急隨理貫通。
忽隱忽現進則長，一羽不加至道藏。
手慢手快皆非似，四兩撥千運化良。

掤捋擠按四方正，採挒肘靠斜角成。

乾坤震兌乃八卦，進退顧盼定五行。

極柔即剛極虛靈，運若抽絲處處明。

開展緊湊乃縝密，待機而動如貓行。

3. 太極拳經釋義

太極者，無極而生，動靜之機，陰陽之母也。動之則分，靜之則合。無過不及，隨屈就伸。人剛我柔謂之走，我順人背謂之黏。動急則急應，動緩則緩隨，雖變化萬端，而理一貫。

由著熟而漸悟懂勁，由懂勁而階及神明。然非用力之久，不能豁然貫通焉。

虛領頂勁，氣沉丹田。不偏不倚，忽隱忽現。左重則左虛，右重則右杳。仰之則彌高，俯之則彌深。進之則愈長，退之則愈促。一羽不能加，蠅蟲不能落。人不知我，我獨知人。英雄所向無敵，蓋皆由此而及也。

斯技旁門甚多，雖勢有區別，概不外壯欺弱，慢讓快耳。有力打無力，手慢讓手快。是皆先天自然之能，非關學力而有所為也。察四兩撥千斤之句，顯非力勝，觀耄耋能禦眾之形，快何能為？

立如平準，活似車輪。偏沉則隨，雙重則滯。

每見數年純功，不能運化者，率皆自為人制，雙重之病未悟耳。欲避此病，須知陰陽。黏即是走，走即是黏，陰不離陽，陽不離陰，陰陽互濟，方為懂勁，懂勁後，愈練愈精。默識揣摩，漸至從心所欲。

本是捨己從人，多誤捨近求遠。所謂差之毫釐，謬以千里，學者不可不詳辨焉。

欲令天下豪傑延年益壽，不徒作技擊之末也。

4. 太極拳論

一舉動周身懼要輕靈，尤須貫串。氣宜鼓盪，神宜內斂。每一動，唯手先著力，隨即鬆開，猶須貫串一氣，不外起承轉合。始而意動，既而勁動，轉接要一線串成。勿使有缺陷處，勿使有凸凹處，勿使有斷續處。其根在腳，發於腿，主宰於腰，形於手指。由腳而腿而腰，總須完整一氣，向前退後，乃得機得勢。有不得機得勢處，身便散亂，其病必於腰腿求之。上下前後左右皆然，凡此皆是意，不在外面。

有上即有下，有前即有後，有左即有右。如意要向上，即寓下意，若物將掀起，而加以挫之之力，斯其根自斷，乃壞之速而無疑。虛實宜分清

楚，一處自有一處之虛實，處處均有一虛實。周身
節節貫串，勿令絲毫間斷耳。

5. 十三勢歌訣

十三總勢莫輕視，命意源頭在腰際。

變轉虛實須留意，氣遍身軀不稍滯。

靜中觸動動猶靜，因敵變化示神奇。

勢勢存心揆用意，得來不覺費功夫。

刻刻留意在腰間，腹內雲靜氣騰然。

尾閭中正神貫頂，滿身輕利頂頭懸。

仔細留心向推求，屈伸開合聽自由。

入門引路須口授，功夫無息法自修。

若言體用何為準，意氣君來骨肉臣。

詳推用意終何在，益壽延年不老春。

歌兮歌兮百四十，字字真切義無遺。

若不向此推求去，枉費功夫貽歎息。

6. 十三勢行功心解

以心行氣，務令沉著，乃能收斂入骨。以氣運
身，務令順遂，乃能便利從心。精神能提得起，則
無遲重之虞，黏依能跟得靈，方見落空之妙，所謂
頂頭懸也。往復須分陰陽折疊，進退須有轉合。意

氣須換得靈，乃有圓活之趣，所謂變轉虛實也。發勁須沉著鬆靜，專注一方；立身須中正安舒，八面支撐。行氣如九曲珠，無微不到；運勁如百煉鋼，何堅不摧！形如搏兔之鶻，神如捕鼠之貓。靜如山岳，動似江河。邁步如臨淵，運勁如抽絲，蓄勁如開弓，發勁似放箭。曲中求直，蓄而後發。力由脊發，步隨身換。收即是放，斷而復連。往復須有折疊，進退須有轉換。極柔軟，然後極堅鋼，能黏依（呼吸），然後能靈活。氣以直養而無害，勁以曲蓄而有餘。漸至物來順應，是亦知止能得矣。心為令，氣為旗，腰為纛。先求開展，後求緊湊，乃可臻於縝密矣。

先在心，後在身。身雖動，心貴靜，氣須斂，神宜舒，腹鬆氣斂，氣斂入骨。神舒體淨，刻刻存心。切記一動無有不動，一靜無有不靜。視動猶靜，視靜猶動，牽動往來氣貼背，斂入脊骨。內固精神，外示安逸。須要從人，不要由己，從人則活，由己則滯。邁步如貓行，運勁如抽絲。全身意在蓄神，不在氣，在氣則滯。尚氣者無力，養氣者純剛。氣若車輪，腰如車軸。機由己發，力從人借。發勁須上下相隨，乃能一往無數，立身須中正不偏，方能八面支撐。

彼不動，己不動，彼微動，己先動。以己依
人，務要知己，乃能隨轉隨接；以己黏人，必須知
人，乃能不後不先。似鬆非鬆，將展未展，勁斷意
不斷，意斷神猶連。

7. 張三豐傳王宗岳《打手歌》

　　掤捋擠按須認真，上下相隨人難進。
　　任他巨力來打我，牽動四兩撥千斤。
　　引進落空合即出，沾黏連隨不丟頂。

三、武當三豐太極拳體用全訣

　　太極拳術重用意，腰如車軸心行氣。
　　鬆靜穩勻緩合連，走架莫忘此中理。
　　起勢守靜待人動，氣沉丹田精神提。
　　掤捋擠按攬雀尾，沾連黏隨勤練習。
　　單鞭抹勾向胸逼，旋腕一鞭勁須齊。
　　提手上勢合著封，敵若抽手進身擠。
　　白鶴亮翅擠靠分，懸頂坐身寸踺踢。
　　摟膝拗步摟手打，心眼身手步合一。
　　手揮琵琶主採挒，穿纏沾化借他力。
　　進步搬攔捶胸肋，搬攔得法顯技藝。

如封似閉守中攻，墜身脫銬長勁逼。
十字手法變無窮，撑裏鑽翻開合奇。
拖虎歸山破後敵，心清眼明手要疾。
肘底看捶纏繞黏，乘隙一拳莫失機。
倒攆猴兒迎面撲，沉氣扳挽挫敵勢。
斜飛式如鷹翱翔，開勁斜去稱其式。
海底撈月破擒拿，折腰一沉攻莫遲。
翻身過海似扇開，力由脊發勁貫指。
撇身捶掌連環劈，側身擊敵如霹靂。
雲手橫行封化打，妙用臂速運腰際。
高探馬上纏腕採，仰之彌高掌探鼻。
左右分腳肋下點，振來架去何隙襲。
轉身蹬腳腹上踹，懸腿蹬伸分打敵。
進步栽捶破前踢，摟他撲地腰脛擊。
提膝頂陰腹襠躓，輕黏慢拿活旋腿。
左右打虎勢威武，下採上打技身退。
下帶上擊變循理，下脅襠腰上胸椎。
雙風貫耳雙環捶，探而後攢步要追。
開繞合擊並腿使，旋風二腿驚如雷。
野馬分鬃腋下展，鬆手一分把敵摧。
玉女穿梭巧轉貴，護臂穿打四敵潰。
轉勢靈走九宮步，側進身靠再發威。

下勢蓄勁避銳氣，俯之彌深無所畏。

金雞獨立借勢起，掃撩撞閉踢人為。

壓掌托肘穿喉化，順勢轉靠震心碎。

戲珠吐信推窗月，叉喉刺瞳不留尾。

連馬穿掌葉採桃，分花迎面喉間刺。

十字腿起分手攔，上驚下取最得勢。

提腿上打致命處，下傷二足中空擠。

進步指襠捶下路，摟腿寸靠把襠指。

上步七星防上打，掤架之下直拳馳。

退步跨虎閃正中，如虎勁敵受扼制。

轉身擺進護括掃，前後應敵旋風勢。

彎弓射虎如發矢，挑打胸間拳氣使。

帶化突發丹鳳朝，變化無窮金雞立。

再搬再進可封閉，循環隨意無為理。

收勢意氣歸丹田，天地合一鬆清靜。

體用大意心君主，節鬆氣聚神固凝。

無法有法易中理，心靜神怡適太極。

四、各家太極拳經典拳論、拳訣選錄

（一）武當拳法秘訣

拳不在多，唯在精熟。練之純熟，十三勢即變

之無窮。拳由博而約，由純熟而隨變，多出無數，不外心、身、手、力齊出，方為拳術把勢。故十三勢歸存心君腰意。各有字訣：敬、緊、徑、勁、切之內勁心法；起、承、轉、合之心法要意；聽、化、拿、發之神作動態；沾、黏、連、隨之手法訣竅；敷、蓋、對、吞之呼吸神意；擎、引、鬆、放之靈擊技巧。故精於武當拳法者，所記皆此也。

> 出手接手黏，起腿身連靠。
>
> 閃開即進步，顧住即攻上。
>
> 得實即發放，化打發相連。
>
> 捨己須從人，順掌握主動。
>
> 手從腿邊起，意到腳身跟。
>
> 側身步輕移，肩鬆勁貫指。
>
> 藏勢彎左膝，靈動變虛實。
>
> 殘軟近黏其，一貼即吐力。
>
> 虛實相結合，手到腳也到。
>
> 長拳帶短打，四兩撥千斤。
>
> 直腕消肩處，進步力莫遲。
>
> 內來援回救，步對其襠擊。
>
> 外關奇相隨，回勢奪之機。
>
> 順化牽連用，擒攔黏捘宜。
>
> 逼彼吸猛勢，擠發未發時。

　　吞吐對之奇，吸採靠抖吐。

　　腿不丁不八，靈活意腰胯。

　　兩股收而夾，正腰旋軸架。

　　平視頭頂拔，勁從心中發。

　　兩肘含兩腋，雲手護脅家。

　　三尖相對照，肩沉拳緊壓。

　　神清心意得，己勝為仙家。

（二）武氏太極拳李亦畬傳

走架打手行功要言

　　昔人云：能引進落空，能四兩撥千斤；不能引進落空，不能四兩撥千斤。語甚概括，初學未由領悟。予加數語以解之，俾有志斯技者，所得從入，庶日進有功矣！

　　欲要引進落空，四兩撥千斤，先要知己知彼；欲要知己知彼，先要捨己從人；欲要捨己從人，先要得機得勢；欲要得機得勢，先要周身一家；欲要周身一家，先要周身無缺陷；欲要周身無缺陷，先要神氣鼓盪；欲要神氣鼓盪，先要提起精神，神不外散；欲要神不外散，先要神氣收斂入骨；欲要神氣收斂入骨，先要兩股前節有力，兩肩鬆開，氣向下沉。勁起於腳跟，變換在腿，含蓄在胸，運

勁在兩肩，主宰在腰。上於兩膊相擊，下於兩胯、兩腿相隨。勁由內換，收便是合，放即是開。靜則俱靜，靜是合，合中寓開；動則俱動，動是開，開中寓合。觸之則旋轉自如，無不得力，才能引進落空，四兩撥千斤。

平日走架，是知己功夫，一動勢，先問自己，周身合上數項不合？少有不合，即速改換走架，所以要慢，不要快。

打手，是知人功夫。動靜固是知人，仍是問己。自己要安排得好，人一挨我，我不動彼絲毫，趁勢而入，接定使勁彼自跌出。如自己有不得力處，便是雙重未化，要於陰陽開合中求之。所謂「知己知彼，百戰百勝」也！

太極拳有捨己從人之術，挨何處，何處靈活。假使挨手，手腕靈活；挨肘，肘能靈活；挨胸，胸能靈活，周身處處如此。

又：挨手意在肘，挨肘意在肩，挨肩意在胸，挨胸意在腰，挨腰意在股。以此推之，如沾連黏隨，不丟不頂，引進落空，借力打人，皆此意也。

（此段是郝月如言）

（三）楊氏太極拳拳譜流傳

1. 懂勁先後論

夫未懂勁之先，長出頂、扁、丟、抗之病。既懂勁之後，恐出斷、接、俯、仰之病。然未懂勁，故然病出，勁既懂，何以出病乎？

勁似懂未懂之際，正在兩可，斷接無準矣，故出病；神明及猶不及，俯仰無著矣，亦出病。若不出斷接俯仰之病，非真懂勁，不能不出也。

胡為「真懂」？因視聽無由未得其確也，知瞻眇顧盼之視覺，起落緩急之聽知，閃還撩了之運覺，轉換進退之動知，則為真懂勁，則能階及神明。及神明，自攸往有由矣！

有由者，由於懂勁，自得屈伸動靜之妙，有屈伸動靜之妙，開合升降又有由矣。由屈伸動靜，見入則開，遇出則合，看來則降，就去則升，夫而後才為真及神明矣！豈可日後不慎行坐臥走，飲食溺溷之功！是所謂及中成、大成也哉。

2. 太極圈

退圈容易進圈難，不離腰頂後與前。

所難中土不離位，退易進難仔細研。

此為動功非站定，倚身進退並比肩。
能知水磨催急緩，雲龍鳳虎象周旋。
要周天盤從此覓，久而久之出天然。

3. 亂環訣

亂環法術最難通，上下隨合妙無窮。
陷敵深入亂環內，四兩千斤著法成。
手腳齊進橫豎找，掌中亂環落不空。
欲知環中法何在，發落點對即成功。

4. 十三字行功訣

掤手兩臂要圓撐，動靜虛實任意攻。
搭手捋開擠掌使，敵欲還著勢難逞。
按手用著似傾倒，二把採住不放鬆。
來勢兇猛捌手用，肘靠隨時任意行。
進退反側應急走，何怕敵人藝業精。
遇敵上前迫近打，顧住三前盼七星。
敵人逼近來打我，閃開正中定橫中。
太極十三字中法，精意揣摩妙更生。

5. 十三字用功訣

逢手遇掤莫入盤，黏沾不離得著難。

閉掤要上採挒法，二把得實急無援。

按定四正隅方變，觸手即沾先上先。

挒擠二法趁機使，肘靠攻在腳跟前。

遇機得勢進退走，三前七星顧盼間。

周身實力意中定，聽探順化神氣關。

見實不上得攻手，何日功夫是體全。

操練不按體中用，修到終期藝難精。

6. 八字法訣

三換二挒一擠按，搭手遇掤莫讓先。

柔裡有剛攻不破，剛中無柔不為堅。

避人攻守要採挒，力在擒彈走螺旋。

逞勢進取貼身肘，肩胯膝打靠為先。

（避人攻守五行體，七星八卦用為先。

妙在全憑能借力，引進落空奧無邊。）

7. 虛實訣

虛虛實實神會中，實實虛虛手行功。

練拳不諳虛實理，枉費功夫終無成。

虛守實發掌中竅，中實不發藝難精。

虛實自有虛實在，實實虛虛攻不空。

8. 十八字訣

掤在兩臂，捋在掌中，擠在手背，
按在腰攻，採在十指，挒在兩肱，
肘在屈使，靠在肩胸，進在雲手，
退在轉肱，顧在三前，盼在七星，
定在有隙，中在得橫，滯在雙重，
通在單輕，虛在當守，實在必衝。

9. 五字經訣

彼從側方入，閃展無全空。
擔化對方力，搓磨試其功。
歉含力蓄使，黏沾不離宗。
隨進隨退走，拘意莫放鬆。
拿閉敵血脈，扳挽順勢封。
軟非用拙力，掤臂要圓撐。
摟進圓活力，摧堅戳敵鋒。
掩護敵猛入，撮點致命攻。
墜走牽挽勢，繼續勿失空。
擠他虛實現，推開即成功。

10. 八字歌

（注：相傳為張三豐大弟子——宋遠橋之後裔

公開，係張三豐之傳承）

　　掤捋擠按世間稀，十個藝人十不知。

　　若能輕靈並捷便，沾連黏隨俱無疑。

　　採挒肘靠更出奇，行之不用費心思。

　　果能沾連黏隨字，得其環中不支離。

11. 十六關要論

　　蹬之於足，行之於腿，縱之於膝，

　　活潑於腰，靈通於背，神貫於頂，

　　流行於氣，運之於掌，通之於指，

　　斂之於髓，達之於神，凝之於身。

　　息之於鼻，呼吸往來於口，渾噩於身，全體發之於毛。

12. 用武要言

　　要訣云：捶自心出，拳隨意發，以意身勁催手，手隨心把，心以手把，總要知己知彼，隨機應變。心氣一發，四肢皆動，足起有地，動轉有位，或黏而游，或連而隨，或騰而閃，或折而空，或掤而捋，或擠而捺。

　　拳打五尺以內，三尺以外。遠不發肘，近不發手，無論前後左右，一步一捶，遇故以得人為準，

以不見形為妙。拳術如戰術，擊其無備，襲其不意；乘機而襲，乘襲而擊。

虛而實之，實而虛之；避實擊虛，取本求末。出遇眾圍，如生龍活虎之狀，逢擊單敵，以巨炮直轟之勢。

上、中、下一氣把定，身、手、足規矩繩束。手不向空起，亦不向空落，精敏神巧全在活。

能擊能就，能剛能柔，能進能退。不動如山岳，難知如陰陽，無窮如天地，充實如太倉，浩渺如四海，炫耀如三光。察來勢之機會，揣敵人之長短，靜以待動，動以處靜，然後可言拳術也！

借法容易上法難，還是上法最為先。擊手勇猛，不當擊梢，迎面取中堂。搶上搶下勢如虎，類似鷹鵰下雞場，翻江潑海不須忙，丹鳳朝陽最為強，雲背日月天交地，武藝相交見短長。

發步進入須進身，身手齊到是為真。法中有訣從何取，解開其理妙如神。

古有閃、進、打、顧之法：何為閃？何為進？進即閃，閃即進，不必遠求。何為打？何為顧？顧即打，打即顧，發手便是！

心如火藥手如彈，靈機一動鳥難逃。身似弓弦手似箭，弦響鳥落顯神奇。起手如閃電，電閃不及

合眸；擊敵如迅雷，雷發不及掩耳。

　　左過右來，右過左來，手從心內發，落向前面落，力從足上起，足起猶火作。上左須進右，上右須進左。發步時，足跟先著地，十趾要抓地。步要穩當，身要莊重，去時撒手，著人成拳。上下氣要均停，出入以身為主宰。不貪不歉，不即不離。拳由心發，以身催手。一肢動百骸皆隨，一屈統身皆屈，一伸統身皆伸，伸要伸得盡，屈要屈得緊。如捲炮捲得緊，繃得有力。

　　不拘提打、按打、擊打、衝打、膊打、肘打、胯打、腿打、頭打、手打、高打、低打、順打、橫打、進步打、退步打、截氣打、借氣打，以及上下百般打法，總要一氣相貫。

　　出身先占巧地，出手先占正門，此為戰鬥要訣。以手當槍，高打高顧，低打低應，進打進乘，退打退跟，緊緊相隨，升降未定，沾黏不脫，拳打立根。骨節要對，不對則無力；手把要靈，不靈則生變；發手要快，不快則遲誤；舉手要火，不火則不快；打手要狠，不狠則不濟；腳手要活，不活則擔險；存心要精，不精則受愚。

　　發身要鷹揚猛勇，潑辣膽大，機智連環，勿畏遲疑。如關臨白馬，趙臨長坂，神威凜凜，波開浪

裂，靜如山岳，動如雷發，心細膽大。

要訣云：人之來勢，務要審察，足踢頭前，拳打膊下，側身進步，伏身起發，足來提膝，拳來肘撥。順來橫擊，橫來捧壓，左來右接，右來左迎，遠便上手，近便用肘，遠便足踢，近便加膝。

拳打上風，審顧地形。手要急，足要輕，察勢如貓行。心要整，目要清，身手齊到始為真。手到身不到，擊敵不得妙，手到身亦到，破敵如摧草。

善擊者，先看步位，後下手勢，上打咽喉下打陰，左右兩肋並中心。前打一仗不為遠，近打只在一寸間。身動時如山崩牆倒，腳落時如樹紮根，手起如炮直沖，身如活蛇，擊首尾應，擊尾則首應，擊中則首尾皆呼應。打前要顧後，打左要顧右，打高要顧低。操演時，面前如有人；對敵時，有人如無人。面前手來不見手，胸前肘來不見肘，手起足要落，足落手要起，前手起，後手緊摧，前腳近，後腳緊隨。

心要佔先，意要勝人，身要攻人，步要過人。頭須仰起，胸須豎起，腰須豎起，丹田須運起。自頂至足，一氣相貫。

膽戰心寒者，必不能取勝；不察形勢者，必不能防人。先動為師，後動為弟，能教一思進，莫

教一思退。膽欲大而心欲小，運用之妙，存乎一心而已！一理運乎二氣，行乎三節，現乎四梢，統乎五行（形乎六合，顧兼七星，身變八法，步走九宮），時時操演，朝朝運化，始而勉強，久而自然，拳術之道學，終於此而已矣！

（四）吳氏太極拳流傳

八法秘訣

掤勁義何解，如水負行舟，
先實丹田氣，次要頂頭懸。
全體彈簧力，開合一定間，
任有千斤重，飄浮亦不難。
捋勁義何解，引導使之前，
順其來時力，輕靈不丟頂。
力盡自然空，丟擊任自然，
重心自維持，莫被他人乘。
擠勁義何解，用時有兩方，
直接單純意，迎合一動中。
間接反應力，如球撞壁還，
又如錢投鼓，躍然聲鏗鏘。
按勁義何解，運用似水行，
柔中寓剛強，急流勢難當。

遇高則澎滿，逢窪向下潛，
波浪有起伏，有孔無不入。
採勁義何解，如權之引衡，
任你力巨細，權後知輕重。
轉移只四兩，千斤亦可平，
若問理何在，槓桿之作用。
挒勁義何解，旋轉若飛輪，
投物於其上，脫然擲丈尋。
君不見漩渦，捲浪若螺紋，
落葉墜其上，倏爾便沉淪。
肘勁義何解，方法有五行，
陰陽分上下，虛實須辨清。
連環勢莫擋，開花捶更凶，
六勁融通後，運用始無窮。
靠勁義何解，其法分肩背，
斜飛勢用肩，肩中還有背。
一旦得機勢，轟然如搗碓，
仔細維重心，失中徒無功。

第二章
基礎推手

第一節 零基礎學說

一、「零基礎」淺說

「零基礎」是指在全民健身的時代背景下，太極拳也掀起健身熱潮，即使沒有太極拳等武術基本功，我們仍然可以學習這種推手而進行趣味鍛鍊。通俗地說，就是沒有武術基礎和太極拳功底，也可以從零基礎學習太極推手。

從第二方面也可以說，從零基礎學習推手，可以相互驗證，相互體會，把推手作為太極拳的基本功而開始學習，逐步提高太極拳技藝。

從第三方面進一步地說「〇」之形象和含義讓我們深入體會推手和太極拳的妙用。形象性地用橢圓「〇」表示人體推手的掤勁。

二、太極推手的概念

太極拳有較為獨特的訓練方法，就是兩人運用相互推挽手化的運動來提高技藝。

太極推手簡單地說就是以柔化為主，是剛柔相濟的對抗性運動。我們習慣地把健身、趣味性推手與競技性比賽推手（打手和散手）混為一談，嚴格地說是應該分開的。

本書試圖從健身性推手開始，融合趣味性推手，再根據學修者意願來進階競技性推手。

太極推手，是按太極拳架的基本手法和方式要求，透過兩人按一定的基本方式進行對練。

首先練掌、腕及肢體的功夫，隨之練腰、胯、身等整體的靈活性和整體性的聽勁、懂勁、化勁等勁道。它既能陶冶性情，增加鍛鍊情趣，又能促進友誼和交流，還能暢和氣血，平衡體內陰陽，防病祛疾，達到延年益壽的效果，更能使這種練習方式成為太極拳術實習技擊用招的一個中間過程。

它既可以檢驗太極拳架的合適度及標準性，又可以鍛鍊身手為技擊服務，獲得身體和精神情趣的良好效果。所以在太極拳術歷代祖師、拳家的不斷總結完善下，有著一套較獨特完整的理論體系。

它自古以來就是兼顧保健和技擊等綜合功用，在當代更能突出體現它健身、養生的功能作用了。

三、太極推手介紹

推手的形式多樣化，有單推手、雙推手，定步推手、活步推手、大捋推手、散推手等。其中最基本的是定步雙推手，也稱四正推手，這是本書介紹的重點。

練習時雙方對面站立，一腳在前，腳步不動，用掤、捋、擠、按四種方法推揉打輪。活步推手是在四正推手的基礎上，兩人腳步移動，一進一退，直線往返；也有的是兩人側身走成圓形。大捋推手是用採、挒、肘、靠四種方法按順序打輪，古傳稱四隅推手。

散推手是兩手推挽不拘形式，不按固定程式打輪的推手方法，形式更為自由。換勁試力、運用發放、彈抖化發，是本書的特色。

需要說明的是，太極推手是與太極拳套路配套的功法之一，是另一種形架鍛鍊途徑，互為功用，互相提高。拳術走架熟練了，推手水準可得到提高。

第二節　單手學互推

一、基本要求

學習推手，跟練習太極拳所有要求一樣。首先要心情放鬆，心無雜念，形體自然而不僵硬，出手出腳要節節貫穿。開始可能難做到，但要有這個要求和意念去爭取做到，然後按照基本操作方法去練習。開始可能會形成套路，但不能拘泥於套路。

本人不主張用推手套路，教學時可能會有一定的規定形式，但訓練推手的途徑和目的，不是套路，而是聽勁和懂勁。形成套路後會機械化，不利於練習聽勁和懂勁。

二、技術特點

心靜、氣平，神意要專注，全身要統一行動。所謂「四梢空接力，接力點中走」，就是意念和動作統一按方法訓練。要求虛實轉化靈動，感知對手勁力，適度調整自己，伺機合勁發功，達到推手功效。常見推手方法在理論上有（即古拳經典上說的八法）：

「掤」，用手臂黏接、捧架對方，築成防線；支撐自己形體。

「捋」，順勢向側方或向後牽引，借用他力，順勢而為。

「擠」，向前擠壓、逼迫；要用身形和氣勢。

「按」，向下、向前推按；體現整勁和暗勁。

「採」，向上、下相對牽引；合力而反關節。

「挒」橫向分化或進擊對方。

「肘」，用前臂旋轉或肘關節制約、攻擊對方；或抬、格對方腕肘而發力打擊。

「靠」，以肩、背擠壓；胯、肩同動，體現整體氣勢。

在推手時，兩人手臂相搭，按著一定的步驟互相推挽，週而復始，俗稱「打輪」。在「打輪」過程中，運用以上八法，體會勁力、氣道，感覺對方勁力，用摩擦懂勁引導對方改變力的方向，然後在會知聽勁的情況下，憑意力爭控、牽制對方，使對方失去平衡，進而趁勢將對方發放出去。

三、注意事項

太極推手最講究：沾、黏、連、隨。最忌諱丟、扁、頂、抗，沾、黏、連、隨實際上是要求與

對方常接觸，至少有部位摩擦相交，只有這樣才能感知對方勁道，而且要一直相連，隨對方變化而變化。初學推手一定要注意這個沾、黏、連、隨的問題。丟是指脫離沾連處。扁是指自己圓球體的氣勢和形體變成凹凸體。頂是指用死力撞擊對方，與對方頂牛式的硬撐。抗與頂相類似。

在練習推手時，不能用比對方大的力與之較勁，而是用輕靈手法和內意來和對手周旋。我們常說的以靜待動，以柔克剛，就是克服上述四病。

四、操作步驟

下節詳解。類似套路而非固定套路。可參考影片資料。

第三節　認識四手法

一、基本手法

1. 掤

【動作要求】

在太極拳中，將向上、向外之勁稱為掤。「掤」，用手臂黏接、捧架對方，築成防線，這是

太極拳最重要、最基本的手法，也是最微妙或者最難說清的手法和勁道。既是支撐自己形體不破這個橢圓形的架勢力，又要用比對方小的力或者等於對方的力。

圖2-3-1

雙方搭手，對方進身作攻勢，以手搭進我逆之方向，我即承其勁力，暗含向上和向外的勁力，既沾搭上對方，不讓其進我身、胸，又不能隨意丟、退、降，這就是掤。掤在「十三勢」中尤為重要。（圖2-3-1）

【重點說明】

（1）掤是黏住對方，不能與之相抗相頂；

（2）無論進、退、顧、盼、定，掤勁不可失，「每一動，唯手先著意、力，隨即鬆開」，即黏而不丟不頂；

（3）掤勁之勢，手、臂、肘形成一定弧度，既不讓前臂靠近胸腹，又不能抬肘露肘；

（4）掤勁屬暗勁，要活用，堅持敵進我退，要節節貫穿；

（5）整個身形要沉肩、墜肘、鬆腰、活胯，靈活肢體之感，不宜僵持某個部位。

【難點提示】

掤勁既為動作，也是意念，更是人體氣勢的一種場。也就是說其他七法中均要有此意念。

所謂某氏某師掤勁大，其實是大師間架合理和人體樺關節、鬆沉到位、意念控制好的功力體現。

2. 捋

【動作要求】

在太極拳中，順勢向側方或向後牽引，或將向側方的橫力稱為捋。當對方向我進攻，我黏住其腕、肘，順其前進之勢而引領身體向左側或右側。這就是在對方勁力之上略加向旁的小力，使對方身體受到更大的旁側方向的力，以借助合力打擊對方。（圖 2-3-2）

【重點說明】

（1）捋在掌心意，手指輕覆捋。順對方之勁而動，略改變其方向；

（2）身法配合轉腰坐胯、含胸拔背，不得僵

圖2-3-2

滯；

（3）當把對方引向側方時，自己另一側要有上搠之勢，保持靈活之上勢以避免對方順勢而變，有利於自己進一步打擊敵方；

（4）必須兩手（*或一手心*）分別沾連對方腕、肘，同時用很輕很小的合力，借對方之力產生更大合力，並防止對方用肩、胯靠打。所以，只有先將自己安排好，對敵方的勁力採取順應連隨而微施力的原則，才能使對方失去平衡，陷入被動挨打的局面。

【難點提示】

挒法之改變方向是先順再引後發。由聽勁到懂勁再合力。兩手合心更得妙，順手牽羊不稀奇。

圖2-3-3

3. 擠

【動作要求】

擠是向前、向外推之意，是壓迫之勁。在各式太極拳中，不同架勢風格的「擠」手法也不一樣，

但總體動作要求是接近的。用手腕變化和臂膀的轉化、借身形之氣勢向對方推擠。（圖2-3-3）

【重點說明】

將擠住對方、使其失去運化的外推之力稱為擠，就是用手、臂、肩、背黏住對方身體，隨即由手掌的切面向背部轉動，再向外擠，繼而變為向前推擲，這是明勁進攻，前提也是懂得對方勁路，其目的在於使對方失去平衡。所以在擠法中，手臂要用力，借助整體力量而發擲之。

【難點提示】

擠既是手法，也是意念，更是氣勢，也是明勁。手法明顯，懂勁在先，變化雖多，重在氣勢。這勁力要來自腰腿，腳踏實地，前腿弓，後腿蹬，丹田發力意想腰際和命門一挺，可與手上勞宮穴一起發勁，直向對方重心。這往往和按勁用在一起。

4. 按

【動作要求】

在太極拳中，用手向下壓，扶按住對方節點以抑制對方前進的攻擊，即將勁力向下沉推稱為按。主要表現是以手心向斜下，意將對方連根拔起。在訓練中分雙手按和單手按的不同手法。（圖2-3-4）

圖2-3-4

【重點說明】

按的要求是貫以全身勁力，向前、向下或向斜前方，沉肩墜肘、鬆腰坐胯、氣往下沉。也有向自身側方牽引後向下按切之勢，能使對方足跟離地失去平衡，甚至傾倒。如果有向對方前側方向擠按之勢，則可以向前發放對方。

【難點提示】

擠按多同發力而用，意念長遠，要麼合勁和穴，要麼意將對方連根拔起，擲拋遠方。

5. 小結四手法

掤、捋、擠、按既是分手法，也是連續意念一起的整勁和氣勢，古拳稱「十三勢」。之所以叫「勢」而不叫「式」，是因為它不是固定的式子，而是一種氣勢、勢態。早期的太極拳譜，對每種手法的分解也說「勁」，而不說「式」，這是告訴我們這些「勢」子是變化的，用八卦五行來定位和形容十三勢是有內涵和道理的。

在初期認識和學習四手法中，既要明白基礎的外在法式，也要懂得變化的內在方法和原理，特別是連貫使用變化之道的內在根源。

6. 互換訓練圖例

　　四正手法的訓練和運用，在學習中是可以互相對換角色的，甚至可以用單手或雙手練習。也就是甲掤乙捋，甲擠乙按，乙按甲又掤，甲乙互換亦然。動作相同，只是甲乙互換手法。（圖2-3-5至圖2-3-15）

圖2-3-5

圖2-3-6

圖2-3-7

圖2-3-8

圖2-3-9

圖2-3-10

圖2-3-11

圖2-3-12

圖2-3-13

圖2-3-14

圖2-3-15

第三章
訓練推手

　　所謂推手訓練，就是按照上述基本的推手四法，有次序地進行兩人手臂相搭，循著一定的勁道和程式互相推化挽纏，按推試力，感覺皮膚沾連，知曉勁力，達到懂勁和聽勁的程度，週而復始訓練，俗稱「打輪」或「輪圈」。

　　在「打輪」過程中，循環往復訓練，認真體會掤、捋、擠、按的手法和勁道，也體會鬆和化的原理，注意全身協調，當練習相當熟練後，可以一方開始試力有勁（餵勁），另一方化解反擊，雙方在懂勁基礎上，明白對方用力方向和方法，包括一些小技巧手法，也能輕鬆化解，這樣才能算懂勁。

　　同時在訓練太極拳手法的化解時，要真正懂得在對方用勁之時同時化解反擊，並力爭牽制對方，使對手失去平衡，傾倒重心，進而趁勢將對方發放出去。這要懂勁熟練而階及神明，身體協調，用意用力準確，技術高超者能使對方雙腳騰空，擲跌於

地，自己卻安穩自若。這也是訓練推手的全部內容。

上述單推只是一種訓練法，還有動步訓練，一般是雙手配合，在進步和退步中進行。其路線有呈弧形，也有呈直線。相互進退，熟練後在變換手法和方式上，有序配合，實為推手打下基礎。

若訓練發勁和制敵，則是打手之法，為散手的基礎。後面將逐步學習之。

第一節　輪圈互化推

一、四正推手法

四正推手是以掤、捋、擠、按四種手法編排的推手基本方式，它是練習雙推手的入門功夫。透過練習四正推手，可熟悉掌握掤、捋、擠、按的運用，並可訓練聽勁、化勁和發勁等技能。這裡有定步訓練和動步訓練之別。

定步與上述單手推相類似，兩腳不移動，只以虛實變化對之。單手推多是定步，可以互換左右手，各進退一步。

四手法是學習推手最基本的功夫，也是最基礎

和最關鍵的手法，由此可變化和派生出其他更多功力和手法。

下面詳細講解四正推手法方式。

1. 預備式

【動作分解】

（1）預備。自然站立，全身放鬆，精神專注，平心靜氣、氣斂而神聚專一，開始動作。（圖3-1-1）

（2）相對而立，用兩臂伸直、兩手相交的距離，即甲（白色者，下同）、乙（黑衣者，下同）對面立正站立，相距兩三步。（圖3-1-2）

（3）各自先左腳外擺後，由立正式變成提右腳朝對方方向邁步。

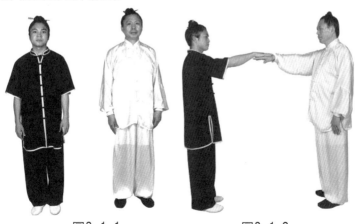

圖3-1-1　　　　　　　　圖3-1-2

【要點說明】

起勢狀態要專注而平靜，呼吸自然，表情泰然。

2. 互掤式

【動作分解】

（1）甲乙各出右手，伸直，手背相接，左手搭在對方右肘側。互相注視對方面部，相互掤勁。

（2）甲邁右步，出右手與乙搭手相交，成掤勢。

（3）甲向左微轉，出右手，邁右步，弓右膝，右手前臂向前上方掤。（圖3-1-3）

圖3-1-3

【要點説明】

在搭手後，轉化為互掤勢時，主要是屈膝、坐胯、微轉身，出腿出手要一致、協調。

【重點提示】

開始的氣勢很重要，手要輕靈，用意念說：手先用力，馬上鬆開。

3. 乙掤甲捋

【動作分解】

（1）甲順乙先以掤勢，重心向後移，右掌向裡翻，輕壓拂帶撫乙之右腕向右後方捋。（圖3-1-4）

圖3-1-4

（2）乙隨甲之捋勢，右前臂隨手掌旋轉，用掌切面，腰用勁，右腳踏實，左腿弓，向甲擠推。

【要點說明】

乙是先掤，甲是坐胯、右微轉，右掌帶腕臂與腰胯同時下坐而有轉，帶乙之右手為捋。同時甲的左手備用，在雙推之時，搭乙之右肘以助捋勢。（圖3-1-5）

圖3-1-5

【重點提示】

乙先用推力掤勁，甲用捋勢來對應化解。甲先是用小於或等於乙的勁接住乙後再轉換為捋勁。

4. 甲擠乙掤

【動作分解】

（1）甲順勢由掌切面慢慢轉腕壓擠乙，可變成掌心向乙擠推，同時弓右腿，慢慢直左腿。（圖3-1-6）

（2）乙先用臂掤住甲，隨之坐跨、沉肘、翻腕，帶捋甲之來勢。（圖3-1-7）

圖3-1-6

圖3-1-7

【要點說明】

自身部位要分清虛實，對方來力要用腰身坐胯來化解。

【重點提示】

乙用擠按之勁時，要把握分寸；甲之掤捋帶化要靈活。

5. 甲按乙掤

【動作分解】

（1）甲由掌心扶壓在乙的手腕關節處，向乙身中線或下方按去。乙用掤勁支撐，捋隨腰身轉化。

（2）按上動不停，乙意捋帶化、坐胯，抬起右腳尖，用腰和手臂等部位轉動，對甲按接觸部位用意變捋，用捋變擠，由擠變按。甲則用掤勁支撐，隨之腰身同手臂一起捋帶化走。

【要點說明】

這是甲乙互換推按力，對方用掤捋帶化之走圈、打輪的一圈式回合。

【重點提示】

虛實變換是關鍵。這種情況右弓步的變化較多，均是以腳後跟為準，前腳掌起落辨虛實。

6. 掤捋擠按輪圈互換

【動作分解】

上動不停，乙用掤擠之勁，甲則用捋化變擠按，互相化解轉變。上述就是掤、捋、擠、按之一圈互換練習。（重複圖3-1-4至圖3-1-7）

在練習三圈以上之後，甲先退後一步，乙緊跟上，乙用左手推甲，甲即用左手相接後，變為乙捋、甲擠、乙按、甲掤的順序，方法與右邊手法相同。也可甲乙互換方法。如此，反覆練習。再同理同方式地進行兩邊的掤、捋、擠、按的練習。（圖3-1-8至圖3-1-11）

圖3-1-8

圖3-1-9

圖3-1-10

圖3-1-11

【要點說明】

（1）掤、捋、擠、按易學難精，要慢慢練習體會。

（2）左右兩邊練習可能右邊練習居多而左邊練習少，要均衡練習。

（3）掤勁不丟，也就是要沾上練習。

（4）遇對方用力不能用胳膊硬撥開，而是要黏上部分用腰胯往下化解，由身形和腳的虛實變化來化解。

【重點提示】

在明白此四正推手法後，不可過快地輪圈打輪，而是要慢用掤勁體會力道勁路，用意念體會。

二、熟習訓練

學習推手，我們重在訓練身形協調，手、身等相關部位動作一致，能有效化解對方餵勁。這樣反覆訓練，可逐步提高推手技藝。

平圓捋帶化（平掌轉動）：

雙方兩手平交於胸前，推手時，對方用柔勁來推手臂等處，首先用掤勁沾上來勁，支撐自己，以「彼不動，己不動，彼微動，己先動」為原則，當感覺對方增大其柔勁想推動時，自己的掤勁除保持支撐平衡的同時，還要借用身形、腰胯帶動掤勁沾連處向橫、向前、向後滾動，也就是帶捋式，在橫向向前滾動的一 那間，把對方的直勁分解掉。注意不是硬撥，而是腰身帶動化走。

這個手法基本上是在水平線上螺旋走化，所以稱「平圓捋帶化」。當自己用螺旋、捋帶化解對方附加在接觸力上後，根據自己身形馬上轉為擠按推的手法，對方會用同樣的方式化解。

這樣，相互在這個過程中也可以完成掤、捋、擠、按的四手法，可以體會勁道和摩擦懂勁。（圖3-1-12、圖3-1-13）

圖3-1-12　　　　　圖3-1-13

立圓滾動化（豎掌轉動）：

推手雙方手指斜向上互搭於身前，開始推手時，單手（或雙手）用柔勁來推對方胸前，先掤撐，後坐胯，再轉腰，要一氣呵成。

比如先掤住來勁，這時用臂腕轉滾動的同時轉腰坐胯，（或者直接把接觸到的力化解於腳底）這樣就化開對方的勁了，因為只要沾上其手和用勁接觸的地方，就能用力。

方法是以腰為軸，胯向下坐，膝、胯、肩向下沉，或向後微轉，同時膝向前擠進，這時對方手就

被化推在外了。

　　以頭腰中線為軸，肩和膝好比車輪，不推它它不轉，用力一推它就轉動。這就是「立為平準，活似車輪」的形象寫照（圖3-1-14）。

圖3-1-14

　　以上兩種平圓捋帶化、立圓滾動化是比較直觀的，實際上各種來去滾化都是萬向的，但任何方向都能化解來勁。一要沾上，二要懂勁，三要同動地化解。

　　現實推手中會遇到很多種情況，但萬變不離其宗。如我的形體和胳膊撐不圓，或者對方力大，已進入我的圓形體內，那麼就有凹弧吞化。這也是很常見的方式。

　　這裡要特別注意任何時候掤勁不能丟。這個

微妙的掤勁實際上是用意念去沾上，跟對方的力相接，跟著對方走，走到我順人背時發放。我們只有慢慢練習，加上體悟，熟能生巧，才能提高功力和推手水準。

總之，推手是訓練沾黏連隨，借力打力，以柔克剛的技術；也是達到懂勁後可隨心所欲的高級功夫的鍛鍊技術。能黏與不能黏，能走與不能走，全在功夫的深淺，如果沒有紮實的訓練基礎，儘管知道黏走的方法，仍黏不住走不了。基本練習還是要按著規矩推揉，從單手的推挽、化走、揉摸、擠按、帶化中反覆體會掤、捋、擠、按四手法。

推手也可看作是一個太極的圓圈，在一個圓圈之中掤、捋、擠、按連貫而成，在這四手連貫成大圓圈之中，於彼此皮膚接觸之處，每一手又各成一個小圓圈，每個小圓圈中又分上半圓為沾、掤、擠，下半圓為連、帶、捋、按，一圈之中有掤、捋、擠、按，能在一個圓圈中完成好掤、捋、擠、按，就慢慢成功了。

第二節　雙手學推手

太極推手中的雙手推之機制比單手推要複雜

些。甲乙兩人按單推形式變成雙手互搭，按掤、
捋、擠、按的四手法進行練習。

雙推手分為雙手四正推手和雙手四隅推手；也
有定步推、活步推之分。

雙手推手首先應學會定步四正推，熟練後就可
活步推，活步也是由有規律的步伐到散活步伐，再
可以升級為四隅推手。

四正推手包括掤、捋、擠、按四種勁道，四隅
推手包括採、挒、肘、靠四種勁道。這裡主要介紹
簡單的定步雙推手法。

一、四正雙推

1. 甲乙互掤

【動作要求】

甲乙相對，並
步直立，相距一步。
雙方互擊右手，右臂
垂肘，手背相搭，雙
方左手各扶對方右肘
處，相互注視（白衣
者為甲，黑衣者為
乙）。（圖3-2-1）

圖3-2-1

2. 甲擠乙化

【動作要求】

甲右手由掌心向內開始翻，掌心慢慢翻按住乙的右手腕上，同時甲的左手扶住乙的右肘，用擠按之勁推按乙，方向向前或向下，或被乙方引誘（牽引）。（圖3-2-2）

圖3-2-2

3. 乙捋擠甲

【動作要求】

乙同理由右臂掤住對方，隨後右手腕、右臂隨翻掌而牽引甲，同時乙方右手扶在甲方左肘部，隨身形坐胯同動，利用圓引化，凹進而捋化成擠接式。（圖3-2-3、圖3-2-4、圖3-2-5）

圖3-2-3

圖3-2-4

圖3-2-5

【重點説明】

在雙方一推一化過程中，包含了掤、捋、擠、按四種手法和四種勁道，它們被不間斷地運用在連續手法中。初學時，要慢慢體會，不能硬頂、硬抗、硬撥。

【難點提示】

四勁道中掤勁不能丟，不能頂抗，無論是平圓化解還是立圓走化，都要把對方的力化到腳下。難點是腰胯與身形、心意要一致。

4. 甲掤化按

【動作要求】

上動不停，當乙方右手向下開脫，左手隨之抽出來接甲之左手。甲方右手隨之在左肘上由手臂翻掌，掌心再接扶乙方左手，同時甲方左手脫開乙之右肘，轉至右手前方，再備接乙方左手或右肘。（圖3-2-6）

相互轉動未停，重複上述甲乙互相掤擠動作，重複動作如圖。（圖3-2-7至圖3-2-11）

【重點説明】

步法有弓步、坐胯、虛步的變化。甲乙互用右前臂外側擠按對方，雙方兩手不停地翻轉接化，手

圖3-2-6

圖3-2-7

圖3-2-8

圖3-2-9

圖3-2-10

圖3-2-11

掌心向前扶按，臂、肘、身以側轉助擠按勢，使甲之兩手被擠於胸前緩解化圓。在雙方化解的方向變化上，注意順逆方向和配合。

【難點提示】

這是最基礎的練習聽勁和懂勁的方法途徑。雙方雙手要輕靈撫摸，感知對方力度、力的方向（向下或圓化），同時靈活變化手法，主要針對對方手、掌和肘部。在雙方化解時用向下或圓切線方式。雙方化解方向先順時針方向後逆時針方向，甲乙雙方互換練習。動作可重複練至熟練。（可看圖示或影片資料反覆練習）

二、四隅推手

1. 採

【動作要求】

通常是內手（近身）掌心朝上，外手（相對離開胸一些）掌心朝下，附著對方肘部，合勁用意即為採（亦可作採）。（圖3-2-12）

圖3-2-12

【要點説明】

採的方式為雙方手、肘相持，或腕、肘相接，下沉使對方反抗而上托，我則順勢提帶，使其足跟離地。這是採勁，有一鬆即緊、一落即攏、一合即擊之意，先沉後提，或先順後逆，像採花摘葉的勁力。

【重點提示】

注意兩手把持對方手、肘，兩手勁力相對而借支點來托住對方，使其身體受損或離地失去平衡。

2. 挒

【動作要求】

在太極拳法中，將兩手合勁往對手勁力的外、橫或反關節方向合發為挒。即轉移敵方勁力還制其身稱為挒。（圖 3-2-13）

【要點説明】

一般為一手黏攬住對方手腕，另一隻手以前臂抵制對方或扶肘關節處，身體旋轉，產生一個離心力，將對方掄得路線跟蹌，我則隨時整體發力，讓其跌出。

圖3-2-13

【難點提示】

　　挒手運用時，既要承受力又要轉移對方的勁力。注意動作必須與身體協調一致。武當三豐太極拳中左右螺旋帶掌、倒攆猴、化掌掩肘裡有挒，彎弓射虎裡也有挒。

3. 肘

【動作要求】

　　面對對方高於胸之手擊來之勢時，一手黏對方手或腕，另一手托拿對方肘而制敵；「肘」，用前臂旋轉或肘關節制約、攻擊對方；或抬、格對方腕肘而發力攻擊。（圖3-2-14）

圖3-2-14

【要點說明】

這是太極拳八法中唯一用部位名稱來命名的勢
子和方法。它有其獨特性。既是用自己的肘去擊人
的方法，又是一種抬高對方部位，方便自己使力發
放的方式。

肘是臂中間彎曲處的骨尖，擊人十分流利，可
以靈活運用。太極拳中多處會用到。

【難點提示】

「肘」和「靠」時常是連在一起使用的。先用
肘再用靠；或肩及身傳遞力給肘而發。太極拳講究
渾身是手，挨何處、擊打何處，肘是連接手和肩及
身體的關鍵部位，其重要性和靈活性可想而知。推
手中肘的眼睛作用（靈活和變換）、定位作用、發

力作用都是推手制勝的重要標誌。

4. 靠

【動作要求】

在太極拳法中,「靠」,以肩、背擠壓;胯、肩同動。用肩、背、胯的外側擊人稱為靠,靠乃依靠之意,這就要求運用靠時一定要雙方身體貼近,而且肩、胯都必須相合。(圖3-2-15)

圖3-2-15

【重點說明】

要得機得勢才用靠法,注意上身進步,或者插襠、套步貼近身子才能靠。不要受對方轉化而失去自己的重心,所以靠要穩固重心。

【難點提示】

靠時不僅要肘靠連用，更要腰胯連動，體現整體力。靠的威力是最大的，但也是最不易成功發力的。特別是在中正和螺旋的情況下，得機得勢時發放，胯、肩、靠之抖發是難得的威力之法。（圖3-2-16）

圖3-2-16

在練習推手時，要明白八法之技，配合身形、意氣，反覆揣摩，仔細推敲。八法之技要求反覆熟練，靈活自如。

通常有基本規律可循：直來橫去，橫來直去，制掤用採，剋捋用擠，破擠用按，化按用掤（破擠也可以用捋）。

在步法中，剋肘用靠，用採制肘，用捌化採，

用靠破挒，步隨身換，腕隨掌轉等等。（此節可參用圖示和影片資料）

三、活用四隅

在認識和學習了採、挒、肘、靠四隅手法後，既可以正雙手推四法（掤、捋、擠、按），也可以雙推四隅手（採、挒、肘、靠）。這八法的訓練方式是循序漸進的。要明白八法是連接在一圈手法中的細分勁道。

「中實不發藝難精」，就是指推手在懂勁後運用時，懂勁一招就能制敵，因此，無論是四正手法還是四隅手法，發放時是一招或者是一個勁道發放，都要懂得對方勁路，雙方就可以互相生剋轉化，剋掤用捋，剋捋用擠，剋擠用按，剋按用掤；破採用挒，遇挒用肘，遇肘用靠，化靠用採。這些互化方式靈活多變，不能死搬硬套。

特別是在活用四隅的方式上，先鬆活，就靈敏，再懂勁，又用招，即整體感知後使用更能起到好的效果，正所謂一招制敵。

四隅推手的學習和運用關鍵是要身形步法整體配合。四隅推手的方法是動態推手。後面章節會詳細介紹活步推手。

第三節　活步學推手

前面幾節學了定步推手後，我們根據熟練程度和身法配合情況可以學習活步推手。這種活步推手大多是雙手活動，單手推手只在換手情況下使用，簡單易學，不做專門詳解。

本節配合動作圖示講解雙手活步推手。

一、四隅活步推手

【動作說明】

（1）甲乙相對站立，相距一步開外。乙先出左手，向甲左方推擊，甲順勢左手接乙左手，右手扶乙左肘，雙方互出手式，乙右臂垂肘備用，甲右手相搭，左手心向上，右手心向下，帶撫式壓住乙方左肘，相互注視。（圖3-3-1正面、圖3-3-2背面）。

（2）甲右手向裡翻，採（攬）乙右腕，右足向斜前一步，左手脫開乙的右肘，按於左胯側。乙隨採勢，右足向上一步，右腳落於甲左腳裡側，左手脫開甲之右肘，按於左胯側。（圖3-3-3）

圖3-3-1（正面）

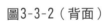

圖3-3-2（背面）

圖3-3-3

（3）甲右足向東南方撤一步，屈膝成半馬步。右手攬乙右腕，左手抵乙之右臂，捋乙。乙順捋勢，右足向東南方進一步，右腳落於甲左腳內側，弓膝成右弓步，右臂屈肘反掌向下，用肘頂肩靠解開甲之捋，同時，乙左手自右臂裡側扶於肘窩處，以助肘靠之勢。（圖3-3-4、圖3-3-5）

圖3-3-4

圖3-3-5

（4）甲揮右掌對乙迎面一擊，化解乙之肘靠。乙出左手，從甲右臂裡側以手背接甲之右腕，化解甲之迎面掌。（圖3-3-6）

（5）乙右足向北挪移一步，同時右手上提，從甲右臂外側由手背腕接甲之右腕；左手脫開甲之右手，下按於左胯側。同時，甲右足向北，上一步，落於乙右腳外側，左手下按於左胯側。（圖3-3-7）

圖3-3-6

圖3-3-7

（6）未停，乙右手向裡翻，採甲之右腕，乙左足向東北方開一步，身向右轉。同時，甲身向右轉，左足向北上一步，落於乙右腳外側。（圖3-3-8）

（7）乙右足向東北撤一步，屈膝下蹲成半馬步，右手攬甲之右腕挒甲，同時，以左手抵甲之右臂，以助挒勢。甲順挒勢，右足向東北方上一步，伸腿於乙之襠內，弓左膝，右臂屈肘，反掌向下，靠乙；同時，左手扶右臂裡側，以助肘靠之勢。（圖3-3-9）

圖3-3-8

圖3-3-9

（8）甲乙互換位置，重複前面動作，反覆訓練，唯方向為四角變換。四隅亦可反方向練習，方法相同。（圖3-3-10至圖3-3-13）

圖3-3-10　　　　　　　　圖3-3-11

圖3-3-12　　　　　　　　圖3-3-13

二、合步推

活步合步而有規範對推，你進我退，我進你退。有進三退二半的規定訓練法。甲乙分別進退幾步相合，手法在八法中變化使用，但又沒有採、挒、肘、靠四手法的方位明顯。開始是半直線，後來可弧形走動，這要根據自己熟練程度。主要體現在掤、挒、擠、按的連貫使用上。

三、散步的自由推

散步的自由推，類似亂採花的推手。接近散推，可靈活掌握。

四、活步推手小結

在熟練掌握四正、四隅推手的活步訓練法之後，可轉入太極推手的試力，發放練習，俗稱單操。活步是由動步到合步，再到散步（自由步）的逐步訓練。

因此，要一步步紮實學好，再進階下步，方能長功增效，反之於事無補。教科書的指導畢竟有限，要在實踐中慢慢體會。

在這樣的活步推手中，手、肘、臂、腰、胯、

腳以及身體的配合很重要，同時下肢在腰身的帶領下，練習要注意虛實變換。分解的動作要逐步練習，並漸漸熟練掌握。

前期練習要放鬆身心，多用意，少用拙力，儘量用心去感知對方，用太極拳的拳架方式來化解對方來路、來力。

太極推手訓練中，要求知己知彼，一切從客觀實際出發，「急則急應，緩則緩隨」，用沾黏處的手腕或小臂感覺對方勁力，審時度勢。引進落空，因勢利導，其基礎全在於「聽勁」技巧。

推手中的「柔」也不是消極躲避、軟而無力，而是順勢而為，引化利己，要求以巧制勝，避實擊虛。如對手來勢兇猛，就要走化旋轉，避開鋒銳，將對方引進，並使其力量分散，陷於被動，再集中優勢力量出擊對方，其勁力迅猛如放箭。

推手中掌握這種「先化後發」「以柔克剛」的技巧，說明已經有「懂勁」了。

第四章
趣味推手

第一節　餵勁互推化

　　昔人云：「走架即打手，打手即走架。」這裡的走架即練習套路，過去稱「盤架子」，是「知己」功夫。

　　打手是指在推手熟練之後，可以運用拳架或推手的任何一式來使用擊法、拿法和發人法的實用技術。在練習太極拳拳架時，作為拳技功用必須時時假想與他人打手，無人若有人，揣摩每招每式的作用，並要求全神貫注。

　　想求得拳架在實際運用中能發揮制人作用，可以先用雙人模擬交手法（圖4-1-1），來體會雙方拳架、勁道、身法和手法等，這就是「仔細留心向推求」。

　　所以，在太極拳推手時，應靈活運用拳架中總

圖4-1-1

結的各種勁道和各種技法用招的動作，善於用心意統一指揮，巧於神氣運作，妙在用勁，貴在化勁。

所以，練習太極拳首先應該熟練太極拳架，使拳架和推手相輔相成。

只有在拳架和推手的無數次循環反覆的學習體驗中才能加深理解，逐步培植功力，掌握聽勁、懂勁、化勁的技巧，最後達到能隨時運用化勁和發勁等打手法，取得拳技的本質功用。

在練習推手過程中，要有一個相互餵勁和互發的鍛鍊過程。在相對熟練掌握了八法推手後，可以動步或者定步推手試勁，本節的餵勁和互推，就是在熟練掌握以上幾種定步和活步的推手、熟悉八法的基本運用後開始試力、餵勁，體會真正的化和

發。

一方故意用僵力或直力，甚至脆力、冷勁來餵勁給對方，讓對方用懂勁的方法化解。對方要在不改變手法的情況下，用身形、內功、懂勁來化解對方的進攻。這樣互相給力餵勁，雙方反覆練習，方能提高太極推手技藝。

這種餵勁、試力可以在輪圈、打輪過程中任意使用直力推，可以先給直力、試力（高手叫問勁），變相用力，帶捋發以及合力試拿等勁道餵給對方，看對方用何種懂勁化解。

餵勁的過程中可以隨心所欲，不能定式。定式可能造成僵力，不利於後面的訓練。

所以，餵勁、試力，不能形成固定套路式的餵和發，要在反覆的摸、拿、問、推、發的試力中讓對手懂勁而雲化，在雲化的基礎上，鍛鍊化發的同時逐步提高水準。

到此境界的太極拳推手，遵循「十三勢歌」總規律，以「八字歌」和「打手歌」作為基本技法和標準，用拳架動作作為基本手法。實際上本來並沒有約定俗成的推手方式及套路，大都是拳架拆招和變化的練習。

現在為了便於推廣以及方便教學的需要，逐

步演化成各種模擬推手套路。推手餵勁試力需要較長時間的鍛鍊，由手、掌、臂、肘、肩等逐步鍛鍊到全身每一部位的「身知」和懂勁，做到「周身一家」「渾身是手」，明白「陰陽相濟」的真正意義。其實，推手的手法方式雖較繁雜，但關鍵在於「明理」而後「身知」。

第二節　雲活學彈抖

在熟練八法和試力、餵勁的基礎上，掌握一定的懂勁功夫，能放鬆身心地對應對方的問勁和勢力後，就可以學習發放的新方法——彈抖發放。（圖4-2-1）

圖4-2-1

　　彈抖發放具有靈活性和高效性，但學好較難。它的關鍵是在「人不知我我獨知人」時，讓人措手不及。

　　衡量對手的太極推手功夫，關鍵是憑懂勁和聽勁。與對方搭手時，謙虛謹慎與之交手，先平心靜氣，端正態度，用聽勁來試力，當聽出對方內勁功底深厚，哪怕你體重比對方重一倍，也無濟於事。趣味推手的發放，是以柔克剛的借力發放。

　　我們在武術拳家理論和實踐體驗很豐富的當下，各類太極名家拋出自己的撒手鐧——重力線論、間架論、樺頭論、地心力論和三丹田論等，正跟太極拳風格成多家一樣，雖然表達不一樣，但實質和真理是相通的。

　　練習推手，外力與內勁是一對冤家，外力俗稱僵力，也叫本力，有肢體局部的、自然本體的、直線重力的、沒有用心意指揮的等類型，如果這些外力不捨棄，內勁就不會產生。

　　內勁是相對外力而言，是由外力經過學習太極拳鍛鍊後懂得放鬆，用意不用力，經過換勁後得出的鬆沉勁。

　　內勁與外力都可以說：力有形勁無形，力方勁圓，力澀勁暢，力遲勁速，力散勁聚，力浮勁沉，

力鈍勁銳等。

有些人練了幾十年見效甚微，主要是學習方法不對，不明白力學和生理科學原理，總想「以力壓人」，慢慢用「大力壓人」，小力、大力逐漸變成僵勁、拙力，沒有練出輕靈、混元、鬆沉的內勁，實是可惜。

推手要「捨己從人」，再引進落空，這裡古人說得很好，值得我們細細體會。

昔人云：能引進落空，能四兩撥千斤，不能引進落空，不能四兩撥千斤。語甚概括，初學未由領悟，予加數語以解之。俾有志斯技者，所得從入，庶日進有功矣。

欲要引進落空，四兩撥千斤，先要知己知彼；欲要知己知彼，先要捨己從人；欲要捨己從人，先要得機得勢；欲要得機得勢，先要周身一家；欲要周身一家，先要周身無缺陷；欲要周身無缺陷，先要神氣鼓盪；欲要神氣鼓盪，先要提起精神，神不外散；欲要神不外散，先要神氣收斂入骨。

欲要神氣收斂入骨，先要兩股前節有力，兩肩鬆開，氣向下沉。勁起於腳跟，變換在腿，含蓄在胸，運勁在兩肩，主宰在腰，上於兩膊相擊，下於兩胯、兩腿相隨。勁由內換，收便是合，放即是

開。靜則俱靜，靜是合，合中寓開；動則俱動，動是開，開中寓合。觸之則旋轉自如，無不得力，才能引進落空，四兩撥千斤。

　　推手的奧妙全在這裡。這篇半文半白的文字口訣就是推手、換勁、發力的關鍵所在。這種層次清楚、邏輯嚴密、條理有序的論說是最有實際指導意義的功法。我們要依此而行，才能體會到推手的奧妙，才能提高太極拳功夫。

　　談到勁，除了上面著重提到的「掤、捋、擠、按、採、挒、肘、靠、沾、連、黏、隨」外，還有諸如聽勁、懂勁，太極拳界的拳家們根據各自的體驗和專長，總結出很多類型的勁道。其實，都是在整勁基礎上的分支和特色；在講述和教學中逐步認識和練會。

　　諸如走勁、化勁、接勁、借勁、引勁、拿勁、發勁、提勁、沉勁、截勁等，在推手中也各有特色，分別做簡略介紹。

　　聽勁在推手中貫徹始終，「聽」並非用耳朵去聽，而是以周身皮膚之觸覺去感覺。只有練拳架能鬆、能沉，推手時能做到沾連黏隨，才能由皮膚接觸感覺到對方勁路的來路去向。

　　練聽勁就是練感覺的靈敏度，僵勁拙力者練不

出聽勁，一定要在練拳時就注意力與勁的運用，所以練好拳架是進行推手的必要條件。

所謂換勁，拳家先輩一再教導我們，要捨得把自身所有的僵力除掉。換取先天性的自然勁，拙力不除，新勁難生。

方法是行拳走架中要求心情放鬆，心想即空，即想像自己是整體，是空空行囊。自己感覺是以腰為主宰，周身皆處於一種鬆散狀態。

實際上，真正的鬆，是用意念再結合地心引力，從而換成整體而輕靈的陰陽氣，即能量。這股陰陽氣在久而久之的練習中會感覺是可大可小的剛柔勁，就是鬆後的最佳效果。

平時放鬆地練習太極拳，實際也是一種儲蓄能量的運動。人體透過長期寬舒鬆沉、整體行功、以腰為軸的旋轉運動，就能獲得大量能量儲蓄。使自己感覺渾身中正圓滿，周身的皮膚好像增厚發麻，好像所有的細胞都在旋轉，有種好觸鬥的感覺。既促使身體血液循環流暢，身體各部獲得充分的休息，還能使身體各部獲得充足的營養及能量。

剛柔勁實際上是所有氣場中這些鬆散物質能量都積聚在一點上，在一瞬間陡射出來，這就是太極拳練出來的剛柔勁。

可以描述為：動之之激，發之之聚，推手之時未見其動，對手騰空而跌，堪稱神力，一直是學拳人激動而神往的境界。

再談懂勁，當我們練成一定程度的聽勁後，能對對方的意圖（勁力之大小、方向及變化）逐漸瞭若指掌，逐步去掉頂、扁、丟、抗之病，這就開始進入懂勁階段。能懂勁一定能聽勁，但能聽勁不一定懂勁，所以懂勁比聽勁更難練。往往需要經過名師口授和自己的練習。

推手是動態，其過程是走勁。太極拳功力要在推手中訓練出來，首先掤勁當先，周身都有的一種掤勁，一種氣勢是由內向外呈放射狀的擴張力，當身體任何部位受外力壓迫時，都表現出既不丟也不頂，與之完全平衡的力叫掤勁。

意思是說，與人交手時，當自身某部位收到對方柔勁攻擊時，自己的反作用力始終與對方保持平衡。掤如水負舟行，先實丹田氣，次祭頂頭懸。全體彈簧力，開合一定間。任爾千斤力，飄浮亦不難。掤勁既是有形的，也是無形的，推手時由「意到、氣到、勁到」，勁路在體內沿弧線虛虛實實、剛柔相濟、忽大忽小、忽左忽右、忽高忽低地進行圓周運動。

　　太極功夫越深，旋轉越小即圈子越小，往往能達到閃電般一觸即發地步，那就是圈子半徑趨向於零，達到「化即發」的高層階段了。

　　沾連黏隨不丟不頂是練習掤勁基本方法和原則。首先是以意當先，然後用懂勁的技術與之周旋，最高級的懂勁技術是掤捋擠按發一起在百分之一秒的時間內同時做完。在學習八法推手與練成高級功夫後的掤發有不同的含義，但在認識掤勁中一定要靈活掌握。

　　走勁也是化勁，並同化、開、發勁，在化開中走發。先化開，對方之勁剛猛，即意以輕柔之勁化開，「引進落空合即出」中的「引進落空」就是將對方之勁引進化開然後再合而發之。有功夫深者往往自開其門，待對方深入即反擊之。俗稱開勁不但能化也能發，不要失去良機。

　　在推手彈發和彈抖勁中，還有長勁、沉勁、截勁，在使用中都有較高頻率和較強的實用性和趣味性。放長勁能使對方跌出很遠，因為長勁就是意念發放長遠。

　　比如，在發放時我的意念一定是要有將對方發放到某一遠點處，在得機得勢時，發放對方至原想的遠處還意猶未盡地使之更遠。

綜上所述，我們要知道在推手時，兩人比手猶如用兵：多算勝少算，無算者雖勇必敗；比手則意多者勝，無意者敗。

如對方身壯力大，我卻弱不禁風，但對方之力我知之甚意，而我用之「意」卻虛實無定，變化無窮，隨著「意到氣到勁到」，使「勁」也隨時變化，則意多力少者，屈身自由縱橫莫測，機智發動如電光之閃炸彈之威，對於力多意少者，一旦跌出尚不知所以然。

所以，推手用「意」仍是上策，即拳架上注意用「意」的，在推手上定能見效，這也說明拳架為體，推手為用之間的關係。

第三節　趣味學互發

掌握推手基本的輪圈、推挽和互走技能，能在推手中熟練運用太極拳八法後，就要學習發放訓練。

一、定式餵勁發放訓練

定式餵勁發放訓練（圖4-3-1）就是讓推手兩人進行互換餵勁練習。實則是個人試力、發力的單

圖4-3-1

操練習。甲先有意識地餵勁及給直勁，然後乙用鬆沉化掉後發放。甲乙互換，相互練習餵勁和剛勁以及發放。

訓練丹田旋轉的橫旋勁

首先，右腳前左腳後半弓步斜站，陪練員有意地用過頭勁、直力勁推對方兩腋下（或兩胳膊），練習者（自己）先掤住來勁，接下來力，往下一沉，身、腰、臂微轉而對著對方力反彈出去。

另一種是右手扶對方來臂內上側，左手扶其右臂外側，待陪練員頂勁過頭，重心上移時，丹田橫向鼓盪，腰催肩，肩催肘，肘催腕，行於手指，陡然橫向右後施發剛勁，陪練員頓感下肢不穩，退後三尺，有的甚至騰空倒地，這樣左右進行多次的長

期訓練並逐步增加其難度，丹田裡的左右旋發剛勁就逐漸變強大。

訓練丹田抖彈之直勁

陪練員餵勁，用直接對推的剛勁來時，直地站橫襠步於對方前，右腳向前站於對方中堂，左腳斜橫在後，雙手均搭其前胸，先蓄丹田之勁，待對方僵直頂住時，丹田向前鼓盪下閉，此時背、臂、手不能用力，只能充當良好的傳導體，將丹田裡的剛勁傳導到對方身上，同時雙手稍微往下一沉，猝然撲發過去，陪練員仰面問天，騰空倒地。

以上兩勢，可左右交替反覆千百次地長期訓練。

二、走化訓練和發放

推手是動態運動（圖4-3-2至圖4-3-4），實質是一個推、一個走化，兩手的運勁都得黏走，在黏走中變換虛實是關鍵，理解和分清「雙重」之病。

化走主要有兩種：形化與意化。先是用意化，即掤撐自己形體，手黏上對方手頭力處，敷在上而隨其動，然後用形化。

在推手訓練中形化可分為凸弧滾化（外圓化，

也叫化柔勁）和凹弧化（內圓化，也叫化剛勁）。
在推手中應用定弧線的方法將對手兇猛的剛勁吞化
掉或是將刁鑽的柔勁滾化掉的方式稱為化勁。在化
勁的同時抓住機會，使用對勁發放對方。

圖4-3-2

　　凹弧化，例如，推手時，對方雙掌聚力用虎撲
向前胸猛撲過去，放鬆，隨剛勁頭微含胸退讓，避
其鋒芒，走個凹弧圈，前胸仍轉回原處。此為「人
剛柔謂之走」的凹弧化剛勁的方法。

　　自身任何部位，遇上任何迅猛的剛勁用此凹
弧化的方法都是有特效的，但必須掌握好時機。一
般化剛勁的凹弧度越小功夫越高，小至成圓點為妙
手。

　　化勁是順人之勁，黏而化之。一般都是前半圓

圈（有形或無形）黏而化之，在化中有虛虛實實的折疊，使人不知勁路，直至對方失勢為止。

在化勁時勁中也略含掤勁，但強弱適中，注意彈性，在對方之勁將出而未全出、將至而未全至時隨勢而化，不要太早或太遲。化時走的圈視功夫深淺而定，功夫越深圈越小。

功夫深的聽勁靈敏，對方稍有微動即「一動無所不動」，在對方尚未覺察時，腰胯腿意氣勁都已做了調整，以不露形的無形圈還給對方，化時極柔軟，還時極剛，往往使對方招架不住。

圖4-3-3

三、引勁合發

如果對方也是行家，在出力推手時，不用全

力，而是用輕靈的勁，那就需用引力。引勁是對方不出勁而引誘他出勁，以便「後發先至」；或者引誘對方按自己理想的路線出勁，一般引勁是處於化勁和拿勁中間。

要引誘對方出勁對功夫淺的人來說談何容易，往往適得其反，反而容易中了對方的圈套，因引勁是在對方不動的情況下微力試探，如對方功底略高一籌，他會順勢來個「引進落空合即出」。

為了不上當，在引勁的同時靈活地變方向變速度，當對方迷惑不解做同樣試探時就引其入殼，實際上這是假引勁而促使對方真出勁，促使其神散氣浮，正在驚慌之際，來個「出其不意，攻其不備」。引勁不僅是用手來引，也可用身法、腰法、步法等。在黏上對方後，綜合運用聽勁和懂勁，方法不定，但前提是化力於地心，靈活己虛實，引力加合力。

四、提勁按發

在引力發放的方式中，上下化力就是提勁按發。提勁是拔上的意思，即將對方之根拔起，使其重心傾斜。提勁的方法全在腰腿，而不是用手提，用手提重而且笨，易被人發覺。

　　用提勁時，腳步要站穩實，虛領頂勁，氣貼背，尾閭中正，斂氣凝神，兩眼注視對方，運用時隨機應變，如提之得勢，再後引，當對方身不由己時就可用按勁發出。

　　沉勁如海底針，勁由背經過臂、手直達對方，對方身體也隨之急劇下沉，一股反彈勁直衝腦門，常被震得嗡嗡作響，甚至有一種截勁，主要用於手、臂、肘、肩、胯、膝、腿、腳，正當對方欲變化而又不能變化處於發呆之時，運用帶弧線和直線的截勁向其中心發去，其勢威猛無比，容易傷人。初學者不易掌握，功力深的雖能運用自如，也很少採用。

　　總之，初學發勁，先要知道勁路，能通達一種勁後，其他勁也可以逐漸通達。可在推手中先向對方進行偵察探知，避其長處，攻其薄弱環節，有時發其不變處，有時輕輕引勁而以掌發之，上下輕重相當者發其中部，如對方散亂就發其散亂處，失勢就發其失勢處。

　　話雖然如此講，但對於初學者來說，不要急於學發勁，應先練好拳架，體會聽勁、懂勁和化勁，從中逐步探索其奧秘。

圖4-3-4

第四節 推拿化發放

學習趣味推手，很重要的環節是相互學餵勁，相互學發放。

一、剛勁發放

剛勁是丹田為動力源發放出來的，一種迅猛的螺旋驚彈力，瞬間的爆發力。在推手中它是最具摧毀力的發勁。

利用自己的剛勁發放對方稱為發勁，在推手中發勁是進攻對方，摧毀對手的有效重型武器。若能將聽勁、化勁、剛勁三者有機地結合起來，發勁的

威力更大。比如是用人腦（總機關）透過聽勁（雷
達系統）、懂勁（電子技術綜合系統）以及剛發
（火炮導彈系統）同時啟動一起發功，便可攻無不
克，戰無不勝。

二、合勁發放

合勁是指在兩人推手和交手中，懂得勁道後一
方用虛實對化，借用對方發力，利用兩人身形整體
而合用對方力的勁道，稱之合勁。

合勁發出時特別緊湊完整，因將全身之氣集中
在一起，發出後對方無法逃避。發放合勁須用腰腿
勁，含胸拔背、沉肩墜肘、氣貼背脊。

推手中，合勁發放的關鍵是方向，也就是說合
勁發放能否把對方發出去，就要看聽勁、懂勁以及
化勁的水準如何，稍有欠缺都能使發勁造成角度上
的偏差。

發勁種類頗多，有的是極猛的冷勁，在對方不
知不覺中下手，危害極大（趣味推手一般不用）；
斷勁是在引人得勢後內勁稍微緩一緩，隨即以全身
蓄勁向對方要害發去，猛烈異常；抖跳勁是當自己
被對方黏住時，即用腰腿勁抖拍對方，使對方雙腳
騰起，像排球一樣；鑽勁較沉勁厲害；分勁較寸勁

狠；截勁較長勁猛。

三、拿　勁

拿勁是拿對方僵處或鈍處，拳家稱「拿脈抓筋反骨」，實質就是拿住。如對方非常輕靈，將拿而未拿到之際，要注意不露形。

拿勁一般不是用手拿，用手拿容易被對方化而反遭危險，主要是意拿。使用拿勁時，一定要使自己尾閭中正、頂懸步穩，對於自己重心更須注意，「拿人不過膝，過膝即不拿」，影響重心而不穩的不拿。

四、五字訣

近代拳家經典地總結了走架及推手的精要之處，對實際練功特別有指導意義。傳自李亦畬之手的武派總結，為武式太極拳的代表和特色。特別是對我們練習推手的實用體悟，有莫大的幫助，稍加上指點可成絕招。

一曰心靜

心不靜則不專，一舉手，前後左右全無定向，故要心靜。起初舉動未能由己，要悉心體認，隨人所動，隨屈就伸，不丟不頂，勿自伸縮。彼有力我

亦有力，我意在先；彼無力我亦無力，我意仍在先。要刻刻留心，挨何處心要用在何處，須向不丟不頂中討消息。從此做去，一年半載便能施於身。此全是用意，不是用勁，久之則人為我所制，我不為人制。

二曰身靈

身滯則進退不能自如，故要身靈。舉手不可有呆相。彼之力方礙我皮毛，我之意已入彼骨裡。兩手支撐，一氣貫穿。左重則左虛，而右已去；右重則右虛，而左已去。氣如車輪，周身俱要相隨，有不相隨處，身便散亂，便不得力，其病於腰腿求之。先以心使身，從人不從己。後身能從心，由己仍是從人。由己則滯，從人則活。能從人，手上便有分寸。秤彼勁之大小，分厘不錯；權彼來之長短，毫髮無差。前進後退，處處恰合，功彌久而技彌精亦。

三曰氣斂

氣勢散漫，便無含蓄，身易散亂。勿使氣斂入脊骨。呼吸通靈，周身罔間。吸為合為蓄，呼為開為發。蓋吸則自然提得起，亦拿得人起；呼則自然沉得下，亦放得人出。此是以意運氣，非以力使氣也。

四曰勁整

一身之勁，練成一家。分清虛實，發勁要有根源。勁起腳跟，主宰於腰，行於手指，發於脊背。又要提起全副精神，於彼勁將出未發之際，我勁已接入彼勁，恰好不後不先，如皮燃火，如泉湧出。前進後退，無絲毫散亂，曲中求直，蓄而後發，方能隨手奏效。此謂「借力打人，四兩撥千斤」也。

五曰神聚

上四者具備，總歸神聚。神聚則一氣鼓鑄，煉氣歸神，氣勢騰挪。精神貫注，開合有致，虛實清楚。左虛則右實，右虛則左實。虛非全然無力，氣勢要有騰挪；實非全然占煞，精神要貴貫注。緊要全在胸中腰間運化，不在外面。力從人借，氣由脊發。故能氣由脊發：氣向下沉，由兩肩收於脊骨，注與腰間，此氣之由上而下也，謂之合；由腰行於脊骨，布於兩膊，施於手指，此氣之由下而上也，謂之開。合便是收，開即是放。能懂得開合，便知陰陽。至此地位，功用一日，技精一日，漸至從心所欲，罔不如意矣。

我們這裡的反覆引用，旨在練拳者要仔細反覆體會每個要求，能認識其價值和作用。

第五節　互發學打手

「中實不發藝難精。」就是告訴我們要抓住時機發放。在得機得勢的情況下，一定要及時發放。

一、發放要懂勁

我們學習太極拳術為其用：文用與武用。文為修養、學識，在生活中的武德體現。武為自衛防身、禦敵制暴。發放對手在心理上要知明理、理解徹透，在武力上要剛發勁整、乾脆俐落。

懂勁即當皮膚及身體感覺到對方的勁道、力意和手法方式上時能回饋到大腦指揮中心，這時主要是鬆沉而心靜並能同時利用平時經驗的判斷，引導對方勁的大小、方向、輕重，從而借力、借勢地化解。發勁發放，要冷、脆、快、絕。

懂勁要鬆、靈、快，鬆才能靈，靈才能快，快而敏捷，方能突發整放。發放剛勁就像拋物與射箭一樣，勁起腳跟，主宰於腰，行於手指，發於脊背。在一剎那，欲拋即拋，欲射即射；發時斂氣凝神，目視對方，意送長遠。

自己要力由脊發，尾閭中正，虛領頂勁，真正

做到「意到即氣發，氣到即勁到」，發者本身愈覺未使勁，而對方卻愈覺沉重。

發勁時決不能猶豫不定，想拋不拋，欲射不射，要發不發，倘猶疑不決，意氣一斷則前功盡棄。勁發出後，最好是對方雙足離地一次騰出。如發勁不通暢，就要找出其中原因，肩是否墜而鬆，肘是否沉，腰腿配合是否得當等。

如發勁後給對方威脅不大，原因就更多了，從形神上分析：是否含胸拔背、沉肩墜肘、伸指立掌坐腕，是否專注一氣；從時機上找原因，即發勁是否過早或過晚，過早即易與對方發生頂撞，過晚則對方已開始轉化；從方向角度上找原因，在方向上是否在最奏效時發勁，聽勁、懂勁程度如何，化勁水準如何等等。

二、發放先問勁

在太極推手中用來試探對方水準高低的勁路稱作問勁。問勁由試力、摸勁而來，實質也是聽勁的一種。問勁是虛勁，要掌握虛實變換的火候。太極拳的技術、戰術原則是「捨己從人」。問勁要避免不問條件和不講方法地盲目動作。

常見的幾種主要問勁後的發勁方法有：化剛勁

發、化柔勁發、攻發勁、突發勁和封發勁等類型。

化剛勁發

就是拳譜上說的：「化即是發，發即是化」，化發融為一體，針對對手的剛發勁，必須聽勁超前，問勁瞬間可以聽出來，然後直接接住對方發剛勁的勁頭順方向化發或反彈。雖難度較大，但趣味性強。懂勁靈敏，反彈化發及時。

例：對方雙掌向我下腹用迅猛的剛勁如虎撲食而來，覺察此招法後，不慌不忙，順勢雙手收回，扶其雙手背，身體右轉同時右腳撤步，雙手摸住對手撲的勁頭，順對方勁的方向，輕輕往斜後方一放，對手猝然撲倒於地，非常乾淨俐索，這就是「恰到好處」的化剛勁發。

化柔勁發

對於柔勁要問勁得當。首先必須是掤住，等我方懂了對方勁路，或者說把握了對方陰陽虛實勁，待時機成熟而放之。「未見其動，騰空而跌。」這就是雖然對方輕柔使勁，我也能用問勁引來對方虛實，得勢即發。

攻發勁

即在推手中，他剛我柔，用小於或等於對方之力掤住黏上，再用柔勁在進攻中找機會發放對方，

沉下化勁而發，或「人剛我柔謂之走，我順人背謂之黏」。

例如在推手時，可將右手小臂插入對方左腋下，合度可抓可放，用柔勁將對手向左斜上方橫勁挑，裝出要橫抱對方的樣子（問勁），若對手怕橫動，而用勁壓小臂時，此時乘對方下壓的勁，右手拇指外側鈎住其背右旋，同時左手拍其丹田，用丹田剛勁將其旋空倒地。

這就借了對方下壓的勁和地球引力，加上丹田的剛力合擊出，對方重心必定傾倒。

對手是身強力壯者，有向前頂抗之大力時，只要問勁感覺對方重心上移，根基已虛，就可用丹田裡的、夾脊命門的意剛勁向右側一抖放，對方來不及防，倒向右側。

這種問勁、引進落空的方式，是很有效的攻發方法，注意用柔勁逼問對方時，內勁不能用力過大，否則重心上移，被人先發倒。必須是腰要放鬆，分辨雙方虛實重心，以及把握自己的引力，也就是用自身的下沉重力來引化對方。

放鬆還有一個好處就是自己總處於蓄勁狀態，機會一到立即可以發勁。攻發簡而言之，就是用柔勁逼迫對方緊張而僵硬，或者逼引對方向預定的方

向用力，然後用丹田、命門裡的剛勁順向發放之。

三、懂勁後發勁，問勁再發放

在太極推手中用問勁來聽勁，可提高懂勁的境界。充分理解「捨己從人」那種隨人而動、沾則相隨、走則引化，掌握沾連相生、與人周旋、隨機應變、伺機隨勢而定進退化發的關鍵技巧。

在通常情況下，一般都是用試力、問勁來探路，邊問勁，邊聽勁，後懂勁而發放。

具體方法：與人接觸後，輕輕用剛勁發放一下，或是用柔勁輕逼一下，看對方的反應，如果對方緊張的如臨大敵，則水準較低，如果對方應對輕鬆自如，則遇高手，要小心對待，絕不可掉以輕心。這就是用問勁得知音，問勁再發放。

在懂勁升級的過程中，由問勁到聽勁及懂勁而得勁道。多種靈活有效的發放勁不可盡述。有一種突發勁，趁其未防備，突然用瞬間的爆發力剛勁發放對手。這種情況是在把握性大，功力差別大的情況下好使。在實際運用中，真正打手接觸的時間是不多的，要取得勝利，有兩個途徑：絕對的力量、方式和氣勢壓倒對方；再就是借對方的空隙和缺失制勝對方。

四、問化發同時，神明時無一

我們學習太極推手，就是用問勁去體會聽勁，由聽勁而借力，由借力而懂勁，當懂勁發放時就階及神明。誠如《太極拳論》所言：「懂勁而階及神明。」說是分步分級，其實就是頃刻間的一，或是回歸太極。我們應當明白高級境界的推手發放，一定是化發同時。

掤勁間架、合理合度、關節入榫、鬆沉到位。腰胯靈動，問聽勁活。正所謂肘膝定位，力頭力意，內勁意先，夾脊命門，意念到處，皆是神力。

高級推手技術的得來，除身體、拳架、形勢、手法協調和合度外，還有平時綜合訓練的呼吸、神意乃至意念穴位的要求。實際也是明白太極虛實原理、人體陰陽氣流和合力生理力學等科學之智慧問題。

推手中，注意呼吸的要求，不僅僅是深長細勻，舒緩流暢，還要直送丹田，而且同時要以對方的動作為自己呼吸的依據。配合、協調對方的推手動作，就能一定程度上控制對方，掌握對方力、氣、形，方知懂勁得道奧妙。

《十三勢行功心解》有云：「能呼吸，然後能

靈活。」常說掤勁向上向外，對手進，我則退，以柔化之，在氣中應為吸浮，捋勁向旁或側帶化，一化為攻，化而代發，要吸而能沉；呼吸與動作同時。

擠和按是化發上的進攻，以呼為主。呼吸必須以對方的情況而變化，而且靈活掌握。眼神關注的也是對方上部，對方頭部和肩井穴的動向至關重要。意念的反應和調控在對敵推手中不可小覷。

這類推手的動作、呼吸、意念、神氣都是綜合修煉人體內部精氣神兒得來的，要保持最良好的狀態，才能使太極拳推手功夫提高到新境界。

附 錄

太極拳推手雜談之一

太極拳推手是古老的太極拳傳統練習方法之一。主要是透過二人對練，而掌握太極拳的懂勁功夫和檢驗太極拳拳架的合適及標準度的一個過程，是太極拳術練習技擊效用的方法，即一個學以致用的中間途徑。

它既不完全等同於王宗岳《打手歌》之「打手」，也不是用於技擊實踐的太極散手，更不是陳式太極拳所言及的「擖手」「擠手」。

它的正式名稱從出現到當代的通用，一直都有自己獨特的內涵。

本文試圖從近代太極拳推手的出現、演變和發展，略談太極拳推手的淵源與變革的有關問題，以期與大家商榷。

一、太極拳推手的出現和發展

我們首先從近代公認的太極拳推手記載的有關史料來客觀分析「推手」一詞。

太極拳推手，是楊式太極拳假借「岳氏雙推手」之名而擬定的。而史料表明，楊式太極拳始祖楊露禪學拳於陳長興。而陳長興家族和後人卻很少甚至沒有資料證明在楊式太極拳提出「推手」之前就提出了這一概念和技法體系。

眾所周知，陳鑫（陳品三）所著《陳氏太極圖說》是目前代表陳家最早的太極拳理論著作，但它隻字未提「推手」二字，更無技法介紹，況且此書的集成出版正是楊式太極拳風靡全國後，才拼湊出來的。書中雖對交手實戰提及較多，但都是心理上和技法上的提示。

後來陳績甫（陳照丕）編著的《陳氏太極匯宗》提及了「擖手」，陳子明在《陳氏世傳太極拳術》一書中稱之為「擠手」，但都沒有詳細的技法介紹推手，更沒形成體系（談何創造），而推手原理和理論源頭，早已被王宗岳《打手歌》概括盡矣。

　　楊式太極拳傳人把「岳氏雙推手」嫁接在楊式拳上後，形成了符合《打手歌》等太極拳經典拳論的一系列操作方法，並極富特色地結合本式拳架，組成自成體系的一套鍛鍊方式。

　　因為一個「推」字，比較準確地描繪出練功時人的手法、心態、力度和接觸面，甚至時間、方向等。這與古時詩人賈島作詩時「鳥宿池邊樹，僧敲月下門」之「推敲」二字典故來歷一樣。在這裡「推」能更準確、更形象地反映出兩個相關事物的多重關係，「敲」是人對物，「推」可以是人對物，也可以是人對人，而人「敲」人則變「打」了（中國文字的準確性、豐富性就在這裡）。

　　太極拳推手形象地反映出練太極拳人的心態（平靜、專注）、手法（掌握引、化）、力度（借力、輕靈）、接觸面（圓或拉長），以延長推的作用時間，便於改變作用力點和方向，細微地感知求懂勁而神明，達到知己知彼，經過長期練習而形成一種條件反射，繼而達到打手隨心所欲的境界。

　　所以選用推手，依照十三勢創編出四正四隅帶大捋和亂採花的系列推手方式，很恰當、系統完備，能鍛鍊出功效，達到《打手歌》等太極拳經典所指出的太極拳的真正技術水準和威力。

　　有人說在「推手」一詞出現之前，已有河南溫縣陳家溝人稱「搦手」。關於陳式太極拳「搦手」的出現，疑點尚多。

　　在顧留馨和沈家楨兩人編的《陳式太極拳》一書中說：搦手十六目和搦手三十六病，為陳鑫《陳氏太極拳圖說》原稿文字，唐豪於1932年1月約陳子明去陳家溝調查太極拳歷史時，抽出兩篇刊入陳子明《陳氏世傳太極拳術》一書中，茲參考《陳氏太極拳匯宗》所載加以校補。

　　此段附注姑且不論其真實性，但至少有兩點疑問：一者，陳子明刊收別人「原稿文字」而改稱「擠手」，不知是何用意；二者，顧先生又是從另一本更改後的《陳氏太極拳匯宗》中校補摘錄，而從形式上是既不統一，又無系統性，在內容上是把「推」作為第十八病，捌作為第三十一病，還有搦手十六目的原理也包含各種技法，尤其是散手和搦手某些技法是太極推手所不具備的，甚至與楊式太極拳推手相悖的。

二、太極拳推手絕非陳王庭創造

　　「搦手」如果單從字面上理解是用刀子刮一樣的交手和打手，無論當時語境和方言之意怎樣理

解，這一體現陳式太極拳交手技法的「搋手」絕不是推手最早的可靠記載。相反，證實了陳式太極拳「搋手」式的交手法，與近、當代楊式太極所倡行的推手根本是風馬牛不相及的兩碼事，可以肯定地說，「陳王庭創雙人推手」是一個荒謬結論。我們再從如下幾個事例中更清楚地看出其本來面目。

有人在《中華武術》上發表的《陳式太極拳的起源》一文中提出：「陳王庭的獨創有以下幾點……創造了雙人推手。」

陳績甫（陳照丕）在《陳氏太極拳匯宗》中有這樣一段文字：

「太極拳大用，掤挒擠捺（**此是兩人交手四肢運用大法**）。掤者，人以兩手相推，我以右胳膊向上掤之，此之謂掤。挒者，我以右肱掤住人手，我即以右肱之掤者，橫而進之，人既將身先向後一退，而以兩手挒住我右肱，此之謂挒。何謂擠，如我以右肱前進，人既縷住吾肱，我以肩向前進，是之謂擠。何謂捺，如我以左手撥人之手，人即隨勢捺住我之左肱，是之謂捺。兩人交手，彼掤我挒，彼擠我捺，或我掤彼挒，我擠彼捺，掤與擠皆用一肱一肩。左右同挒與捺是用兩手，左右亦同，即此掤挒擠捺，兩人來住，互用循環不已，而其中隨勢

變化，存乎其人，學者先要學拳，節節用心揣摩。迨功夫既久，上下相隨，然後撝手。不然人硬氣欺壓，我以硬氣相抗。胳膊亦用硬氣，不唯不能過者，且生多少病，故功夫必須用到八九分，然後再學撝手，則滯疑之弊鮮矣。」

這是本書中唯一與推手相接近的文字。但我們可以看出此段文字僅僅是對手臂上的動作粗略地說明，一者手法與楊式推手有很大區別；二者沒有腰身胯腳之變化，缺乏整體操作，不符合太極拳原理與張三豐、王宗岳《太極拳經》，與推手法、《打手歌》大相徑庭；三者在提撝手時，是要兩人交手在很高層次後，即「功夫既久」「然後撝手」，功夫必須用到八九分。如此交手，與「推手」是否是相同的內涵，就一目了然了。

還有與陳績甫同時代之武術名家平江不肖生──向愷然先生在談練太極拳之經驗中有這樣一段文字：

「……再看他（指陳績甫，筆者注），推手只有同邊活步的一個方法。就是一個左腳向前，一個右腳向前。掤擠進一步，捋按退一步。我問他推手共有幾個方式，他說就是這個方式。我又問：沒有站定不動腳的推法嗎？他說：『沒有』。我又問

他：『沒有四隅進退名叫大捋的推法嗎？』他也說沒有。我想這就奇了。楊露禪是從陳家溝學來的。到此不過三傳，何以與陳績甫的相差這麼遠。

楊家練習的方式倒比較完備，楊家推手的方式，由淺入深，共有四種，最初彼此都用單手搭挽，使站走靈活，次則掤捋擠挒按，兩人彼此都用雙手，兩腳站立不動，僅以身手進退，又次則活步進退，再次則向四隅進退。

大捋，步法身法手法漸次繁難，務使練習的人能進退隨意。緩急皆由自主，不受制於人，若僅一同邊活步之方式，初學者不易黏走，而練有相當程度的，覺其活步容易討巧，腰腿難得有真功夫，至於欲求深造的，則又嫌其太簡單。

太極拳的原理和其他拳術不同，太極拳注重黏走，所謂於不丟不頂中討生活是也。黏即是不丟，走是不頂，此時說得容易，做到實難，一部分之黏走尚易，全體之黏走尚難，欲全體黏走如意，則非有大捋不為功。

按大捋之法，決非創自楊家。想必是陳績甫未得其傳，故其法不及楊家完備，以我個人近年研究太極拳之結果，深信拳理之精細，拳法之周密，及練習者之有益無損。此非他種拳術所能及。」

　　這又進一步看出陳氏太極拳的搌手、交手與楊式太極拳推手是根本不同的。

　　誠然，陳式太極拳稱之「搌手」是典型的「拿、跌、擲、打」等雙人破拳招式的方法，它與打手、散手接近，是破解拳式的拆招散手，並以發放為目的，以拿、跌、擲、打為手段，是很獨特的實用的拳勢和手法，但有人硬要把它往「創造了雙人推手」的美名上拉，似乎有點張冠李戴，自欺欺人之嫌。

　　當代陳式太極拳傳人陳小旺先生在他1985年出版《世傳陳式太極拳》這本書時，正是太極拳及太極拳推手運動如日中天之時，陳先生的書中僅介紹了陳氏世傳老架陳式太極拳一、二路，以及新編三十八式陳式太極拳和實用法，並收錄了頗有爭議的《十大要論》和《用武要言》，也沒有把「世傳」的推手予以提及和介紹，更沒有談系統的操作方法。

三、太極拳推手定位與「打手」關係

　　在太極拳史上，不可不提張三豐、王宗岳，在他們流傳下來的《打手歌》等太極拳經典拳論中，早已把太極拳推手的要求做了潛在具體說明，真正

把太極拳學以致用的關鍵性練習過程，具體形象地體現出來，而《打手歌》為什麼用打手而不用推手呢？

沈壽先生對「打手」一詞作了較全面的考證，筆者只是憑自己感悟和經驗加以分析。

推手是一個鍛鍊過程，是練好太極拳的手段，不是最終目的，而「打手」既是手段，又是目的。「打手」的功夫層次和境界比推手高，成功的「打手」效果是用推手無法形容的。太極拳「打手」包括對抗性推手、散手運用和走架等，是一個既綜合有太極拳多種鍛鍊法，又可以單獨指代某一過程的多功用詞語（術語），《打手歌》既可作「推手歌」，也可作散手運用的法則，「推手」不能與「打手」等同，打手可代替推手，但推手不能代替打手。推手是在培植知人功夫，而「打手」可以是一種運用方式和運用效果（拳架行功則又是一個單獨鍛鍊的表現形式）。一旦推手訓練功夫到家，能「懂勁階及神明」，搭手就走，交手就發放人倒，那就是「打手」。

前人提出「打手」，是經過長時間推手訓練獲得的，正因為「打手」一詞的含義廣泛，體用功效確切，而推手反映鍛鍊過程形象生動，所以就各有

千秋地在不同環境中出現了。

楊式太極拳祖孫三代已把太極拳「打手」之功效和太極拳推手之形式表現得淋漓盡致，他們對太極拳推手的定型和發展做出了傑出的貢獻。

四、太極拳推手的演化

21世紀以來，隨著楊式太極拳推手的發展，太極拳就多了一項介於基本功、拳架與散手之間的推手運動。它雖然是在民間武術對練實踐經驗基礎上創造發展而成的一種獨具特色的拳術鍛鍊方式和過程，但是太極拳推手作為一個完全單獨的競技比賽運動，還是近二三年的事。

新中國成立後以發展長拳、南拳、太極拳為主的武術運動，使太極拳煥發青春，推手運動因其具有對抗性、健身性、技擊性、娛樂性、安全性而備受世人青睞，於是成為一項獨立的競技體育項目。從20世紀80年代初期開始（1982年），全國開展太極拳推手競賽活動，90年代（1994年），國家體委批准正式列入比賽項目，並有希望成為一項世界性的體育競賽運動。

儘管太極拳推手是「最富有中國武術特色的技擊項目」（徐才語），但是，推手還需要逐漸完

善。

最後需要指出的是，雖然推手是為散手實戰服務的，但現在過分地把推手鍛鍊的功效用散手的結果來衡量，用勝負來檢驗其水準高低，是錯誤的。

筆者認為，當今推手競技的本質，已與當初推手創意和鍛鍊機制相去甚遠，失去了太極拳推手的本來面目。

推手應該向「打手」和散手上發展，但用「打手」和散手的競技勝負來檢驗太極拳推手功夫的高低，對太極拳發展不僅無益，而且很難使人練出太極拳的高深功夫來。

追根溯源話「推手」
——太極拳推手雜談之二

拙作《太極拳推手雜談》一文，已引起諸多同行議論探討。

本人當初寫此文動機，是總結我以往練習太極拳和推手之經驗，反思太極拳技擊功能與推手的關係；藉助有關資料來弄清楚推手的來龍去脈，澄清「推手」具體內涵，為推手之發明權提供一個佐

證，以期避免太極拳界因淵源問題而長久爭論。

尤其願此觀點引起武術界，特別是太極拳界的重視，量力界定推手與散手之間的分水嶺，指導當今武術對抗性比賽，為太極拳和其推手的健康正常發展提供一點經驗認識，當然也難盡善盡美，故有一石擊起千層浪，本來言意未盡的推手之論，不得不再有下文。

一、怎一個「推」字了得

在我們最熟悉的張三豐傳至王宗岳《十三勢行功歌》中主講功理功法之言的一百六十八個字，可以說字字珠璣，但其中卻出現「推」字三次：「仔細留心向推求」「詳推用意終何在」「若不向此推求去」。若綜合語意環境來分析三個「推」字所言要義，我們可以斷定：太極拳十三勢之推手早在張三豐時代及傳至王宗岳時就已出現，只是可能沒有像如今如此定名而已。

這首深入淺出的古代民歌體七言歌訣，同眾多道教經文和秘訣一樣，言簡意賅，極方便朗讀和記憶。

在開宗明義地強調十三勢的重要性，言明不可等閒視之。接下來，把重點、關鍵以及原理和方

法，根據道教常提的人體三寶——精、氣、神及原理一一解釋，並加以強調，從整體「命意」之「腰隙」，到氣行周身的要求，以及「用意」「留心」等練神之描寫，都無不與「上藥三品，神與氣精」（《高上玉皇心印妙經》）和「拳家三寶，精氣與神，存之之機，生命之本」（《拳法‧精氣篇》）同出一轍。各種「虛實」「動靜」互相觸發和轉換，是不斷變化的，而且是因敵所變，而這些方式方法的體會和實踐，只有去認真仔細地探索，尋求和體悟這些奧妙，才會有收穫。

而此時第一個「推」字的出現，既含蓄指明了一個取得理想之效果所採取的態度，又直接地把實踐理想所用的方法告訴諸君。

這裡就提出用「推手」這一方式來解決太極拳體用的幾個基本問題。因為「推」字本意是向外用力，使物體或物體的某一部分順著用力的方向移動，而太極拳的體用在鍛鍊過程中，雙方交手，用力用意驗證拳架時，只有由接觸、推摸之後，相互用意，認真體會，才能懂得其中的奧妙。

反之，如果想體悟太極拳功用，像散打似的快出快變快收，接觸面小，時間短，那是體會不出「變轉虛實」「靜中觸動」的感受，那也不是內家

心意功夫的太極拳了，而且「推」字引申義有根據已知的事實來斷定從某方面的情況想到的其他方面。這說明：

一者，「推」就是由以上各項拳理要求來尋求太極拳最理想的體用效果，這是一種對事物的態度，即經由親身實踐去探究其根本。

二者，「推」就是指明一個方法，即雙方按拳理要求互相推手揣摸練習，按拳架招式逐一驗證。

《十三勢行功歌》接下來繼續補充說明了取得太極拳十三勢功夫的原則、主次和目的標準等。正是《十三勢行功歌》指出「行功」過程是用「推手」求得，而不是「用功」過程中仍用「推手」的做法。

也就是說，推手之法是太極拳十三勢的行功用意鍛鍊之法，而不是在拳功上的實用技擊之法。

二、「推」字巧妙與靈活

第一個「推」字，已經把用「推手」之法求得十三勢的行功效果做了強調。接下來，具體詳細介紹「推手」之法的妙處：「屈伸開合聽自由。」推手的方式方法，現在流傳甚廣，而且各家各式各有特色，但這一句「屈伸開合聽自由」的宗旨是各家

推手行家所認可的。

　　這裡提出「聽自由」與後來常提的「聽勁」是一脈相承的，只有真正在推手中做到「屈伸開合」，隨對方給勁的大小而變化，才能做到不頂不抗，「引進落空」「捨己從人」。

　　第二個「推」字的出現，更證實了推手的功用和太極拳體用的效果和目的。那麼長期的推練為了什麼呢？延年益壽，永葆青春，是終極目的。

　　同時也暗示：仔細而長期鍛鍊推手，可上升到質的高度，立於不敗之地，也能健康長久。

　　有人從拳術的功能出發，分析推手的另一用途是什麼，就是散手的運用，就是拳技立於不敗之地，自然也能延年益壽。

　　綜觀「推」字的出現，在歌詞中的位置和次數，不能不令讀者深入思考：太極拳十三勢行功過程光靠走架去揣摩探求，就能獲得打手、散手的實戰效果嗎？「推手」鍛鍊的功用、創名及方法的建立難道是偶合嗎？

三、推手的定位與侷限

　　筆者之前已提及推手的定位與侷限的有關問題。透過進一步分析張三豐傳王宗岳的《十三勢行

功歌》後，我們能更清楚地瞭解，太極拳推手始創何時何人雖難考證，但可能跟太極拳一樣，先有其實際動作，後才有其名稱。

而《十三勢行功歌》中「推」給後人留下有益的啟示，所以到楊式諸君才定勢定名定型。它的內容和過程，至少早在王宗岳時代已經形成，而且其主要理論指導依據是《十三勢行功歌》。這樣它與另一首《打手歌》的打手不相同是很正常的事情。

太極拳推手是介於拳架與散手之間的一種以鍛鍊掌上功夫為主，兼練身腰整體靈活和整體性的聽勁、懂勁、化勁、發勁的一個鍛鍊手段，是檢驗拳架的試金石。

推手與散手不能混為一談，散手是拳功實用的一種最終目的，推手是中間鍛鍊的一個過程和方式，如果推手包容了跌打摔拿等動作之後，並以制服或發放對方為目的，那樣的推手應該升級，而不一定叫推手。

正因為如此，推手就暴露出它的侷限來，此侷限是隨著現代體育競賽體制的改革而逐步出現的，但如果恪守「……欲天下豪傑延年益壽，不徒作技藝之末」之祖訓，我們可以把握好推手的界限，潛心去做「益壽延年不老春」的修煉。

太極能健身，興趣學推手

「夫唯不爭，故天下莫能與之爭。」這是老子《道德經》第二十二章的哲理名言。在太極拳推手的原理和境界上，用它來形容是再恰當不過的。

當代太極拳推手陷入競技體育比賽的怪圈，於太極拳功夫揠苗助長，甚至背道而馳。

筆者認為，我們有必要在「太極拳推手」這項運動中認清推手的功用，理清推手方法，準確定位推手一詞與打手、散手等詞的區別，在此基礎上再來談太極拳的功夫比賽。

一、當代「推手」的現狀

近代以來兩次中國武術熱潮造成太極拳風靡世界，20世紀二三十年代是第一潮，歷經80多年的風風雨雨，方興未衰。不過，太極拳由真打實戰的柔化真功夫退化到如今只有多式樣，即一些花架子卻沒有當年老拳師們實戰的真功夫，太極拳功夫的三種功用已分道揚鑣。

這三種功用即是：一為藝術展示的美學功能（包括文化修養），二為健身強體的自療功能，三

為自衛防身功能。

　　儘管太極拳的上述三個功能目前看來推廣得比較好，但第三個功能中屬於武術本質的技擊防衛術卻在太極拳中完全弱化了。

　　其實，真正的武當太極拳，上述三個功能都具備，展示起來如行雲流水般優美，而且在強身健體方面尤具實效。正如當年武當山的祖師爺張三豐所說：「欲令天下豪傑延年益壽，不徒作技擊之末也。」

　　我們現在流行的太極推手，由20世紀80年代的體育學院的所謂學院派牽頭，旨在推進與世界競技體育接軌的推手比賽，回頭來看，這種與世界競技體育接軌的太極推手比賽從比賽細則到實際效果，均不理想。究其原因，或許與真功夫的失傳、武術家的斷代、老拳師的固執以及適合去教推手的教練缺失等等的實際情況相關。

　　在筆者看來，讓一批新中國出身的學院派和武術學校出來的年輕教練去「教」傳統功夫，特別是進行太極推手這個有名不實的訓練，那拿出來的東西不是怪胎才怪。

　　由此我們不難得出結論：由學院派牽頭從事的中華武術競技改革和市場化操作，不僅說是失敗

的，甚至有可能將太極推手引入歧途。真正的太極推手是不能用現在的競賽規則來檢驗的，其原因就在於它只是一個中間鍛鍊方式和過程，用來競賽的太極拳技法不能定位為太極推手。

從當代大量的資訊和媒體反映出的資訊材料來看，足以證明：太極推手只是鍛鍊的一種方式、一種訓練手段，而不是終極目標，這也是眾多的真正太極拳師們認同的觀點，很多權威的說法都證明太極推手不是如今的推手比賽的式樣。

而一些來自學術界、學院派的所謂專家們為應對西洋的競技武術，熱衷於套用「中體西用」模式，搞得太極推手不倫不類。因此，我們目前可以看到太極推手表演的兩種情形：

一是民間發放式的，這種發放不能代表終極實用，只能當作表演和趣味鍛鍊，這種推手的餵勁、給力都不同於實際與人打擊的力型，所以發放有良好的視覺效果。

再一類就是掛推手之名，而行散手之實，中間推手、打手、散手夾雜，甚至包括硬拉、強推、生拽等的擊打和強制性打法，這類在比賽中多見。

因為有怕被打輸的心理因素在做祟，這種推手沒能徹底放鬆，仍用拙力和僵勁。而太極拳的雲、

抖、彈、發的各種力也就難以發揮。

好的推手，一定會將太極拳推手與太極拳散手，以及武術上的一切拳術散手相區別。

好的太極推手能做到不丟不頂，無過不及。起碼是知己知彼，進而達到我獨知彼，而彼不知我，彼不動，我不動，彼微動，我先動，動急則急應，動緩則緩隨。欲克敵制勝，必須練好周身一家的推手基本功。

太極推手採用掤、捋、擠、按、採、挒、肘、靠的招法，黏隨不脫，作用對方。順其自然，捨己從人，引進落空，以輕克重，以巧制拙，乘勢借力，牽動對方的重心，破壞對方的平衡，進而抓住機會乘虛而入，以實破虛，將對方發放。

綜觀當今諸多名家裡手對太極推手的認識漸趨統一，不能不令人感到欣慰。即使是系統理論各有千秋，形成由各式傳承的特色推手，也都不為過；豐富多彩的推手形式對太極拳推廣和人們健身強體肯定是有益無害的。

不過，筆者還是堅持認為：在現如今發達的訊息資訊時代，太極推手應該有一個基本完整、完善的理論標準。太極拳推手要為太極拳的返璞歸真作見證，要為太極拳實際運用的本質特徵負責和出

力，只有合理的推手理論指導才能訓練有素，才能培養和訓練出真功夫。

所以，我們定位推手，旨在說明：它蘊藏著我們民族文化的內涵和哲理，既是習武者以武自娛和修身，或以武會友，交流、切磋，乃至比賽的一種形式，也能提高人體的素質，在自衛防身、健身強體等方面有著很高的價值。即使推手發放綜合了摔、打、拿、踢等變化於一體的（陳式、武當趙堡式）推手運動，但也不同於散打、摔跤等項目。

正因為如此，筆者以為：在這個時代，不要為難地把推拉去作為散手比賽的項目而嘩眾取寵。

二、推手的定位和標準

筆者很讚賞姚繼祖老拳師的說法：推手是「進行太極拳技擊技能實戰訓練的一種形式，是學習太極拳技法以致應用的中間途徑，也是學會拳架到學習散手的階梯，還是獲得太極拳技擊功夫的主要手段，有一定的技擊實用性，可以發揮真正的技擊效能，但它畢竟不是實戰，而只是技擊練習。」

真正的太極推手是按沾、連、黏、隨的原則，透過用掤、捋、擠、按、採、挒、肘、靠等招法，在雙方接觸後，用身體感受對方力的方向、大小、

虛實、剛柔、快慢、長短，達到身心懂勁後，憑藉自身反應敏捷，及時感覺，並馬上決策，是否順其自然，隨伸就屈，還是化解力點，迅速反擊、反彈，借力而為，達到破壞對方重心，這種方式方法就是太極推手。

太極推手的內在要求是鬆沉徹底、中正靈活、通曉手法、虛實分明和周身一家。外在要求有幾個前提：

一是雙方要有部位充分接觸，也就是黏上；

二是化解的方式是借力型，即引進落空；

三是在手法上有不能抓拿等硬性致死的動作。

也有人（*根據自己拳式風格*）列出下述五點要求：

1. 不允許有抓、握、撕、抱、拿反關節等手法；

2. 不允許用勾、拌、摔、跌等技術；

3. 不允許脫手擊打，以及用踢、蹬、踹等技法；

4. 發人不用蠻力推搡猛擊，而是在對方失衡之瞬間以勁彈發（*或此情景下的拿發*）；

5. 必須建立在沾、黏、連、隨、不丟不頂的基礎上。

　　在上述這些內外要求下，鍛鍊了徹底的放鬆功，形成了換勁力，練就了鬆沉勁，做到了手腳節節貫串能力；並習慣性地運用整勁來發放，條件性地反射，做到腳有根，力發於腿，主宰在腰的能力，最後發落點對了，就成功了。

　　這樣才能達到「著熟－懂勁－神明」的三境界，才能有這樣的效果：

　　一，與對方接手後，不用變換手法而「挨著何處何處擊」；

　　二，對方被發出的情況是整體傾斜或彈出或跌倒，而不是局部的東倒西歪；

　　三，我發放的動作幅度小而勁力長，即寸勁或抖勁或彈勁，對方感受的是有股強大的內勁和餘力；

　　四，這類發放如果不是內臟腑部位，是不會傷人的，對方只覺得失去重心和被彈出，而非受傷、非受制倒地；

　　五，多數發放都有螺旋勁的體現。

　　上述所言就是太極推手與其他打手和散手技擊的區別，這些均是在訓練時的發放效果，如果能隨時隨地、隨機用的話就是前人說的打手，即今人宣導的太極散手，然後加上不用任何限制的手法

（跌、打、摔、拿），就是實用太極拳了。

　　太極推手本來是採用沾、連、黏、隨的方法，不許脫手、突施冷手，不許抓住不放、生拉硬拽、互相摟抱，在有的太極拳流派的推手裡又綜合「摔法」「打法」「拿法」於一體，筆者認為這是推手的升級，容三者相互使用，如果是實戰訓練，未嘗不可。但出現在傳統武術對抗形式的比賽中，就應該成太極散手比賽了。在切磋、交流情形下，對於「不摔」「不管腳」「只許拿勁路」「不許拿反關節」等說法要區別分析。

　　所以，我們既提倡趣味推手，又建議把太極推手的比賽，改為散手比賽，而且要完善比賽規則。

　　在此，筆者再用一代宗師的真實描述和功夫作為檢驗標準，楊澄甫宗師有一段精彩的太極描述：

　　「純粹太極，其臂如棉裡裹鐵、柔軟沉重，推手之時，可以分辨。其拿人之時，手極輕而人不能過。其放人之時，如脫彈丸，迅速乾脆毫不受力，被跌出者但覺一動，並不覺痛，已跌於丈外矣。其黏人之時，並不抓擒，輕輕黏住，即如膠而不能脫，使人雙臂酸麻不可耐，此乃真太極也。」

　　能得這一段認識的才得真傳，這才是楊式太極的真傳標準。這中間提到推手和黏人的要求，都是

我們用於太極推手和運用的唯一標準和圭臬。

三、推手與散手的運用及關係

　　所謂太極散手是熟練掌握了太極推手技術後，隨時運用拳技的任意招法雙方較技，按競技要求分勝負的競技手段和實用方法。

　　太極散手是太極推手在比賽或其他實用情況下的臨場運用，是非訓練的推手，是較技決定勝敗的招式。散手也叫招式，或稱「著」，太極拳任何一招都是應敵之方法，其中情形有二，一為打，二為發。發人之法，都是固定之「著」，較打人之法要進一層次。因為打人止於敵身，而發人則擲發遠仆（遠處跌倒）和失去重心而傾斜，並且還能繼續施以打擊，這就是高一層的原因。

　　我們知道散手是拳術中用於實際對敵戰鬥、交手較技的一種手段方式，即是在實際技擊、防人攻打的過程中，進行化解反擊的各種方法。武術套路是散手的組合，太極拳中，古「三世七」，就是三十七個散手。

　　太極拳的散手全是由太極推手的聽勁而來，而聽勁則是有黏住、黏著得來，如果不黏住對手，不知聽勁而用散手，就是外家格打，這樣未必招招能

用，而聽勁後方施太極散手，就能發放由我。

散手運用，是對敵交戰中的各種技法，對應千萬種拳法，我不可能記住千百種打法和解法，而只能隨機應變，此時既要練出平時極靈敏的感覺，又要眼疾手快，且因不能應付全部，要提高層次就必須有沾住、黏著變化而來。

現在拳手都是快速散打，手腳極快，以離開見長，但仍有要相接觸之處，因有接觸點才能施力，接觸點就是沾住點，我們必須貼近身黏著，然後由聽勁、懂勁變化用法，動急則急應，動緩則緩隨，得機得勢發放即成。

這就是太極拳散手奧秘，也是中國古代道家道教無為與有為思想，與「無法對有法」的現代李小龍武學邏輯一脈相承。

散手是拳術的終極運用，推手是拳術的訓練方式，打手是交手運用的綜合性古名詞。現在有人雖理智地分學習性質推手與競技性質推手，但筆者認為競技性的推手不存在，推手是學習、訓練功夫的初級階段，推手比賽是推手升級為散手在實用中的一部分。

打手是我們用古文化與新文化交接之時解讀失真的產物（筆者不敢用本人可憐的知識解讀古人智

慧），所以，現在還是用推手表示訓練途徑，用散
手表示終極結果和運用要好。

四、趣味推手的建立簡說

如前所述，競技性質的推手已經不是通常定位
的推手，那或許改稱為散手或打手比賽更為恰當，
而且細則也要隨之有所改變。所以筆者在此用趣味
推手來構築其推手體系。

1. 訓練推手

（單推、雙推、定步、活步）

2. 趣味推手

（搭手與彈發、餵勁與化發）

3. 發放推手

（單操發放、亂步發放）

4. 打手散手

（折手運用、散手隨發）

上述四級推手、散手體系是筆者近四年來特別
用心揣摩的方案，並付之於教學實踐，且努力構建
較為完善的體系以利推廣和讓大眾受益。

作為太極拳功夫的中間鍛鍊方式——推手必不
可少。在拳架已經熟練掌握的情況下，遂開始第一
步，訓練推手。一是鍛鍊人真正放鬆、全身協調達

到周身一家，二是檢驗拳架是否準確合度，三是訓練人的聽勁和懂勁的能力。

第二步就要進入實質性的訓練，除心理素質鍛鍊外，還要明白掌握經典口訣的實用方法，在老師、師傅、教練的指導下開始趣味推手的學習。

一，要克服現代人的虛榮心及看重輸贏的心態，記住「有人似無人，無人似有人」的口訣，在按基本方式的訓練中，開始相互餵勁、試力，從搭手摸勁、推壓，到黏走鬆沉，從體會掤、捋、擠、按的勁力招法，到黏隨走化和彈抖發放；體會聽勁、懂勁和化勁，循序漸進地領會發勁與放勁，再到採挒肘靠的綜合發放。

這是需要一個較長的鍛鍊時間，不亞於練拳架的時間，因為從全身鬆通透體，到靈敏的聽勁和懂勁，再到自己反應而借力發放這些過程，非一日之寒，所以不能等閒視之。故古人有「十年太極不出門」之說。

我們之所以提倡「趣味推手」，就是鑒於時下健身要求高於技擊實用，太極拳給人們的印象就是能健身養身，對於大多數打太極者來說是很適合的。

二，是在訓練中避免功利心、輸贏心、勝負

名利帶來的負面影響，既能提高技能，又能健身強
體。即便不能運用自如地自衛防身，而發放的訊息
是讓人愉悅和感興趣的。這樣有興趣的長期訓練，
肯定能練出聽勁、懂勁的功夫。

　　三，還有心理因素的訓練，此種訓練除了增加
人們練功的興趣外，還能得到實用的功效。在長期
的聽勁中感受到對方力的來路、輕重，形成由捨己
從人到沾黏連隨的聽勁習慣，在實際運用中能達到
意想不到的奇效。

　　四，最後一點就是於交流表演的展示上，既不
傷人，又有很好的視覺效果，從而增加人們的鍛鍊
興趣和審美情趣。

　　如此來看，在互相餵勁、加多試力、發放訓練
及趣味推手的基礎上，再強化試力發放，或者自練
單操的發放，然後交叉與人試發彈抖之力，按照由
推手基本程式的步法逐步升級訓練。

　　就筆者本人的推手修煉而言，我從師父、老師
們那兒得到的是基礎訓練方法，真正的體悟和提高
還是在自己近20年的勤奮練功中得到的。特別是
近10年來，因教學、修持與交流的關係，筆者根
據學員們的情況和自身的體會，遂提綱挈領地整理
出這套趣味推手系列要點。

筆者的確也深切體會到當代社會的需求，以及武術本身的功能區別及變化，從豐富的資訊即許多書籍和網上視訊中看到了各類推手的宣傳，不由得要對太極推手說三道四，貢獻自己這些年對此的所思所想，供方家指正。

值得一提的是，香港天和傳播出版有限公司把2006年在中國安徽馬鞍山市舉辦的第三屆全國太極拳名家研討會暨首屆國際太極名家論壇的推手論文結集，這本結集比較真實地展示當代太極推手的層次與水準。我們願意看到正如當年楊澄甫大師的功夫、陳微明先生的認識、孫祿堂先生的水準一樣的太極推手們湧現出來，願眾多的真正的太極功夫展現在大眾和行家眼前，願眾多的太極大師為人類造福。我輩即使難達其項背，但也其樂無窮地願意沿著這條路堅持走下去……

參考文獻

1. 許禹生. 太極拳勢圖解〔M〕. 太原：山西科學技術出版社，2006.

2. 陳微明. 太極拳術〔M〕. 上海：上海中華書局，1925.

3. 楊澄甫. 太極拳使用法〔M〕. 上海：上海大東書局，1934.

4. 吳圖南. 太極拳〔M〕. 上海：商務印書館，1957.

5. 陳振民，馬岳梁. 吳鑒泉氏的太極拳〔M〕. 北京：北京體育大學出版社，1936.

6. 吳志青. 太極正宗〔M〕. 上海：上海大東書局，1940.

7. 陳炎林. 太極拳刀劍杆散手合編〔M〕. 上海：上海國光書局，1943.

8. 趙斌，趙幼斌，路迪民. 楊式太極拳正宗

〔M〕. 西安：三秦出版社，1992.

9. 路迪民. 楊式太極拳三譜匯真〔M〕. 北京：人民體育出版社，2008.

10. 吳文翰. 太極拳書目考〔M〕. 北京：人民體育出版社，2009.

11. 胡海牙. 仙學指南〔M〕. 北京：北京中醫古籍出版社，1998.

12. 劉靜. 太極拳健身理論論繹〔M〕. 北京：體育大學出版社，2008.

13. 劉嗣傳. 武當三豐太極拳〔M〕. 北京：人民體育出版社，2001.

14. 阮紀正. 拳以合道——太極拳的道家文化探究〔M〕. 上海：上海人民出版社，2009.

15. 朱利堯，姚宇. 高手——張志俊解密太極拳〔M〕. 北京：北京新世界出版社，2010.

16. 鍾雲龍. 武當太極拳：（上下冊）〔M〕. 北京：北京線裝書局，2014.

17. 張義敬，張宏. 太極拳理傳真〔M〕. 北京：北京人民體育出版社，2009.

18. 郭旭陽. 張三豐全集合校〔M〕. 武漢：長江出版社，2010.

19. 沈壽. 太極拳推手問答〔M〕. 北京：人民

體育出版社，1986.

　　20. 于志鈞. 中國太極拳史〔M〕. 北京：中國
人民大學出版社，2012.

導引養生功

全系列為彩色圖解附教學光碟

張廣德養生著作　每冊定價350元

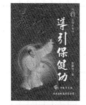

輕鬆學武術

太極跤

歡迎至本公司購買書籍

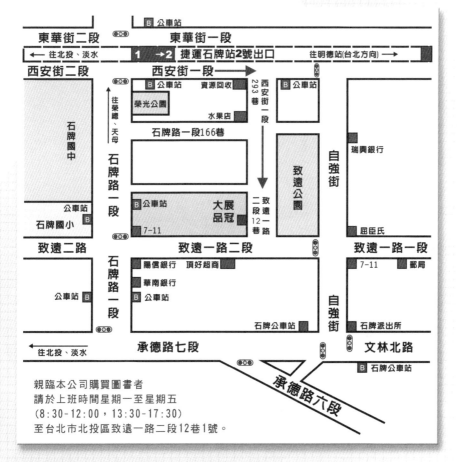

親臨本公司購買圖書者
請於上班時間星期一至星期五
(8:30-12:00，13:30-17:30)
至台北市北投區致遠一路二段12巷1號。

建議路線
1.搭乘捷運
　　淡水信義線石牌站下車，由月台上二號出口出站，二號出口出站後靠右邊，沿著捷運高架往台北方向走(往明德站方向)，其街名為西安街，約80公尺後至西安街一段293巷進入(巷口有一公車站牌，站名為自強街口，勿超過紅綠燈)，再步行約200公尺可達本公司，本公司面對致遠公園。

2.自行開車或騎車
　　由承德路接石牌路，看到陽信銀行右轉，此條即為致遠一路二段，在遇到自強街(紅綠燈)前的巷子左轉，即可看到本公司招牌。

國家圖書館出版品預行編目資料

零基礎學推手/劉嗣傳　編著
——初版——臺北市，大展，2020〔民109.06〕
面；21公分——（太極拳推手；3）
ISBN 978-986-346-298-9　（平裝；附數位影音光碟）
1. 太極拳
528.972　　　　　　　　　　　　　109004633

零基礎學推手　附DVD

編　　著/劉　嗣　傳
責任編輯/王　　　蓉
發 行 人/蔡　森　明
出 版 者/大展出版社有限公司
社　　址/台北市北投區（石牌）致遠一路2段12巷1號
電　　話/(02) 28236031・28236033・28233123
傳　　真/(02) 28272069
郵政劃撥/01669551
網　　址/www.dah-jaan.com.tw
E-mail/service@dah-jaan.com.tw
登 記 證/局版臺業字第2171號
承 印 者/傳興印刷有限公司
裝　　訂/佳昇興業有限公司
排 版 者/千兵企業有限公司
授 權 者/山西科學技術出版社
初版1刷/2020年（民109）6月

定　價/350元

大展好書　好書大展
品嘗好書　冠群可期